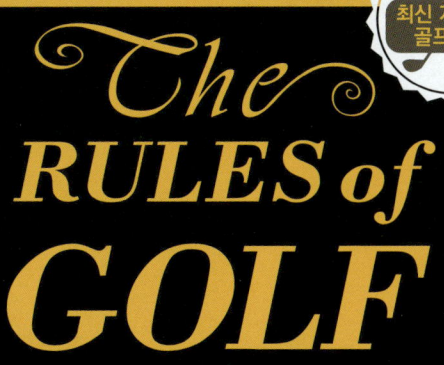

The RULES of GOLF

대표저자 **박찬희**

이원태

임병무

200여 컷의 올컬러
일러스트와 알기 쉬운 설명

2023년 1월부터 유효

머리말

골프는 광활한 대자연과 하나가 되어 심신을 단련하며 남녀노소 누구나 함께 즐길 수 있는 멋진 스포츠로, 2022년 전국 514개 골프장을 이용한 내장객이 5,058만 명의 많은 골퍼들이 국민 스포츠로 확산되고 있습니다. 그러나 18홀 라운드는 인생의 여정처럼 플레이 도중 예기치 못한 다양한 상황들을 만나게 되는데, 그 상황에서 대회의 경기위원처럼 전문가도 아닌 일반 골퍼들이 해당 상황에 따른 정확한 골프규칙을 일일이 적용한다는 것은 쉬운 일이 아닙니다.

이 〈최신 개정3판 **골프규칙**〉은 이러한 어려움을 감안하여, 복잡하고 난해한 골프규칙 중에서도 골프 라운드에 필요한 기본적인 규칙과 에티켓을 포함, 골퍼들이 플레이 중 흔히 겪게 되는 대표적인 상황들만을 모아서 해당 골프규칙을 명쾌한 올 컬러 그림과 함께 간결하게 해설하고 있습니다.

현재의 골프규칙은 영국 R&A와 미국 USGA에서 4년마다 개정하여 공표해오고 있는 규칙을 전 세계의 골프협회가 기준으로 하고 있는데, 이 책은 2023년부터 적용되는 최신 개정을 근거로 하여 만들어졌기에, 각종 프로골프대회, 아마추어대회, 골프프로 지망생, 골프장 캐디 등 골프규칙을 알고자하는 모든 분들께 더욱 유용한 포켓 휴대품이 되리라 확신합니다.

대표저자 박찬희

● 이 책의 이용방법

● KGA 골프규칙에 준거

이 책에서 해설하고 있는 골프 룰은 (사)대한골프협회(KGA)의 골프규칙과 R&A, USGA의 골프규칙을 따른 것입니다.

● 스트로크 플레이(stroke play) 해설

골프 경기에는 매치플레이(match play)와 스트로크 플레이(stroke play)가 있는데, 본서에서는 「스트로크 플레이」의 개인전을 기본으로 하여 실제 플레이에서 가장 많이 발생하는 상황들을 선별하여 해설합니다.

※ 매치플레이는 각 홀마다 적은 타수로 끝낸 사람을 정하고, 전체 홀에서 이긴 홀이 많은 사람이 승자가 되는 방식이며, 스트로크 플레이는 전체 홀을 모두 라운딩 후 총합계 타수가 가장 적은 사람이 승자가 되는 방식입니다.

● 벌타 수 표시

볼을 치기 전, 후 벌타가 다른 경우가 있습니다. 이 책에서 표시한 벌타 수는 「상황」에 쓰인 내용을 기초로 한 것입니다.

● 벌타와 스트로크 계산

OB일 경우는 1벌타 + 1 스트로크가 되고, 잘못된 볼(wrong ball)일 경우는 2벌타가 되나 잘못된 볼의 스트로크는 계산에 넣지 않음을 주의하시기 바랍니다.

● 골프 클럽의 종류

	번호	길이 (Inch)		로프트각 (도)		라이각 (도)	
		남자	여자	남자	여자	남자	여자
우 드	1	45	44	9	12	55	53
	3	43	42	15	16	56	54
	5	42	41	18	19	57	55
아 이 언	3	38.5	38	21	21	59.5	60
	4	38	37.5	24	24	60	60.5
	5	37.5	37	27	27	60.5	61
	6	37	36.5	31	30	61	61.5
	7	36.5	36	35	34	61.5	62
	8	36	35.5	39	38	62	62.5
	9	35.5	35	43	42	62.5	63
웨 지	P/W	35	34.5	47	46	63	63.5
	A/W	35	34.5	52	52	63	63.5
	S/W	35	34.5	56	56	63	63.5
	L/W	35	34.5	60	60	63	63.5
퍼 터		33~35		3.5		70	

※ 로프트각 : 골프클럽 헤드에서 볼이 맞는 부분(페이스)의 경사도
　라 이 각 : 클럽페이스 중앙을 지면에 놓았을 때 솔과 호젤의 중심선과
　　　　　　이루는 각

※ 클럽의 길이, 로프트각, 라이각은 브랜드 별로 차이가 있으며 골퍼의 신체에 따라 피팅해서 사용할 수 있다.

● 클럽의 종류와 특징

	종류	남성	여성
아이언 클럽	1번 드라이빙 아이언(driving iron)	210야드	160야드
	2번 미드 아이언(mid iron)	200야드	150야드
	3번 미드 매쉬(mid mashy)	190야드	140야드
	4번 매쉬 아이언(mashy iron)	180야드	130야드
	5번 매쉬(mashy)	170야드	120야드
	6번 스페이드 매쉬(spade mashy)	160야드	110야드
	7번 매쉬 니블릭(mashy niblick)	150야드	100야드
	8번 피처(pitcher)	140야드	90야드
	9번 니블릭(niblick)	130야드	80야드
	P/W 피칭웨지(pitching wedge)	120야드	70야드
	S/W 샌드웨지(sand wedge)	70야드	50야드

☐ Long Iron　☐ Middle Iron　☐ Short Iron

아이언은 골프 클럽헤드 부분의 디자인에 따라, 캐비티 아이언(cavity iron), 하프 캐비티 아이언(half cavity iron), 블레이드 아이언(blade iron) 등 3종류로 나누어진다. 그 외에도 다양한 아이언이 선보이고 있지만, 골퍼 각자의 기호와 특징에 맞는 클럽을 선택하는 것이 가장 좋다.

	종류	남성	여성
우드 클럽	1번 드라이버(driver)	240야드	200야드
	2번 브래시(brassie)	230야드	190야드
	3번 스푼(spoon)	220야드	180야드
	4번 버피(buffy)	210야드	170야드
	5번 클리크(cleek)	200야드	160야드

※ 클럽별 비거리는 골퍼의 구력과 연습량, 나이, 체형, 클럽의 소재에 따라 다를 수 있음.

● 각 클럽의 명칭

아이언클럽(iron club)

- 클럽헤드 (club head)
- 탑에지 (top edge)
- 호젤 (hosel)
- 넥 (neck)
- 그립 (grip)
- 소울 (sole)
- 클럽페이스 (club face)
- 샤프트 (shaft)

우드클럽 (wood club)

- 크라운 (crown)
- 넥 (neck)
- 소울 (sole)
- 클럽페이스 (club face)
- 크라운 (crown)
- 토우 (toe)
- 소울 (sole)
- 클럽페이스 (club face)
- 힐 (heel)

볼의 구질

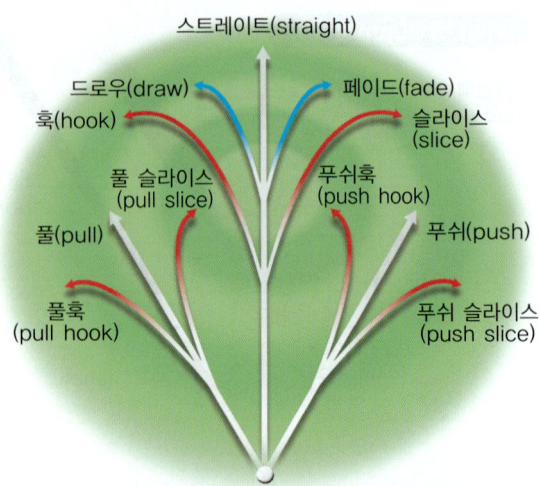

	스트레이트 궤도	in-out 궤도	out-in 궤도
스퀘어 페이스 (square face)	스트레이트 (straight)	푸쉬 (push)	풀 (pull)
오픈 페이스 (open face)	슬라이스 (slice)	푸쉬 슬라이스 (push slice)	페이드 (fade)
클로우즈 페이스 (closed face)	훅 (hook)	드로우 (draw)	풀훅 (pull hook)

2023년도
주요 개정내용

2023년 규칙 개정

   2019년 골프규칙이 재검토되어 대폭적인 개정이 각계의 골프관련 종사자들과 전세계 많은 골퍼들의 의견을 반영하여, 골프선수나 골프를 즐기는 아마추어 골퍼들이 쉽게 이해하고 적용할 수 있도록 대폭 개정하게 되었습니다.

   2023년 골프규칙은 누구나 이해할 수 있는 「골프규칙」, 그리고 코스 안팎에서 유용하게 쓰이게 될 「플레이어를 위한 골프규칙」, 그리고 레프리와 위원회의 경기진행 주관 방법을 수록한 「골프규칙에 관한 공식가이드」도 출간됩니다. 2023년 골프규칙은 기존 24조에서 25조(장애를 가진 플레이어를 수정)가 추가되었으며, 골프규칙이나 용어를 누구나 쉽게 이해할 수 있도록 개정한 것이 특징이기도 합니다.

🟢 2019년에 변경된 골프규칙 용어

변경 전	2019년부터 적용(신설된 용어)
가장 가까운 구제 지점	가장 가까운 완전한 구제 지점 (nearest point of complete relief)
교체한 볼	교체(substitute)
구멍 파는 동물	동물(animal)+동물이 판 구멍(animal hall)
국외자	외부의 영향(outside influence)
다른 퍼팅그린	잘못된 그린(wrong green)
래터럴워터해저드+워터해저드	페널티구역(penalty area)
럽오브더 그린	움직이다(moved)
마커	마커(marker)+마크(mark)+볼 마커(ball marker)
매치플레이 방식	매치플레이(match play)
벌타	일반페널티(general penalty)
분실구+분실된 볼	분실(lost)
스루더그린	일반구역(general area)
스트로크 플레이 방식	스트로크 플레이(stroke play)
심판원	레프리(referee)
아너	오너(honour)
오구	잘못된 볼(wrong ball)
움직인 것으로 보는 볼+움직인 또는 움직여진 볼	움직이다(moved)
인플레이 볼	인플레이(in play)
잠정구	프로비저널볼(provisional ball)
장해물	장해물(obstruction)+움직일 수 있는 장해물(movable obstruction)+움직일 수 없는 장해물(immovable obstruction)
정규라운드	라운드(round)
캐주얼워터	일시적으로 고인물(temporary water)
티잉그라운드	티잉구역(teeing area)
퍼트선	플레이선(line of play)
해저드	페널티구역(penalty area)
홀에 들어가다+홀에 들어간 볼	홀에 들어가다(holed)
휴대품	장비(equipment)+장비규칙(equipment rules)

● R&A와 USGA가 뽑은 개정된 2023 골프규칙 5가지 (5 Key Changes)

규칙	주요 내용	비고
25조	장애를 가진 플레이어를 위한 수정 규칙이 일반 규칙으로 편입됨	
4.1a(2)	라운드 동안에 손상된 클럽은 손상의 원인과 관계없이 사용 가능. 고의적인 손상을 제외하고 교체도 가능함	
9.3	구제를 받아 정지한 볼이 자연의 힘(예: 바람이나 경사..)에 의하여 다른 구역으로 굴러가면 리플레이스하고 플레이함	리키 파울러 규칙
14.3b(3)	후방선 구제를 받을 때, 볼은 후방선 상에 드롭해야 하며, 구제구역은 볼이 드롭된 지점에서 한 클럽길이(반지름)의 원이 됨	
3.3b(4)	스코어카드에 핸디캡을 표시하지 않아도 됨 (스트로크플레이)	

● R&A와 USGA가 뽑은 개정된 주요 규칙 11개 (Principal Changes)

번호	규칙	주요 내용
1	25조	장애를 가진 플레이어를 위한 수정 규칙이 일반 규칙으로 편입됨
2	4.1a(2)	라운드 동안에 손상된 클럽은 손상의 원인과 관계없이 사용 가능. 고의적인 손상을 제외하고 교체도 가능함
3	9.3	구제를 받아 정지한 볼이 자연의 힘(예: 바람이나 경사)에 의하여 다른 구역으로 굴러가면 리플레이스하고 플레이함. OB에 정지한 경우에도 적용됨

4	14.3b(3)	후방선 구제를 받을 때, 볼은 후방선 상에 드롭해야 하며, 구제구역은 볼이 드롭된 지점에서 한 클럽길이(반지름)의 원이 됨
5	3.3b(4)	스코어카드에 핸디캡을 표시하지 않아도 됨(스트로크플레이). 네트 스코어 산출책임은 위원회
6	1.3c(4)	여러 번의 규칙 위반에 대한 페널티가 적용되는 경우가 줄어들었음
7	6.3b(3)	잘못 교체된 볼을 스트로크했을 때, 그 벌타가 일반 페널티에서 1벌타로 완화됨
8	10.2b	방향에 관한 정보를 얻고자 물체(예: 클럽)를 지면에 내려놓는 행동이 금지됨. 스트로크 전 치우더라도 페널티 적용
9	11.1b(2)	퍼팅그린에서 플레이한 볼이 곤충이나 플레이어 또는 그 스트로크에 사용한 클럽을 맞힌 경우에는 그 볼을 놓인 그대로 플레이하도록 개정되었음
10	21.1c	스테이블포드 방식의 플레이에서 벌타 적용이 일반 스트로크플레이 방식으로 변경됨
11	11.1b(2)	퍼팅그린에서 플레이 한 볼이 곤충이나 플레이어 또는 그 스트로크에 사용한 클럽을 맞힌 경우에는 그 볼을 다시 플레이 할 것이 아니라 그 볼을 놓인 그대로 플레이

● 2023 골프규칙 중 새롭게 도입되거나 수정된 주요한 모델 로컬룰

모델 로컬룰	주요 내용
MLR E-11	전선을 맞힌 볼은 다시 쳐야 하지만, 다시 치지않으면 타수에 포함되고 2벌타 처리함
MLR F-5.2	그린 근처에서 볼과 장해물이 모두 잔디를 짧게 깎은 구역에 있어야 구제 가능함

MLR F-22	MLR E-11과 마찬가지로 다시 치지 않았을 경우의 처리 방법이 명문화됨
MLR F-24	페널티구역에 볼이 있을 때, 움직일 수 없는 장해물로부터의 구제를 허용함
MLR F-26	닫혀져있는 문(Gate)은 코스의 경계물로 규정하여 움직일 수 없도록 함
MLR G-4	한 가지 볼을 사용하는 규칙에 대한 위반의 벌을 2벌타에서 1벌타로 완화함
MLR G-9	라운드 중에 손상된 클럽의 교체를 일반 규칙보다 엄격하게 규정함
MLR G-12	그린을 읽는 데 활용되는 자료의 사용을 금지함
MLR K-2	배드 타임을 스트로크플레이의 대회가 끝날 때까지 계속 유효하도록 명문화 함
MLR L-1	스코어카드에 플레이어나 마커의 서명없이 제출했을 경우의 벌타를 2벌타로 완화함
MLR L-2	스코어카드에 핸디캡을 기록할 책임이 플레이어에게 있음을 명확하게 함

변경사항 : 2019년 골프 규칙과 2023년 규칙 비교

이 차트는 2019년 골프 규칙과 2023년 골프 규칙 사이의 실질적인 변화를 요약한 것입니다. 이 문서는 더 많은 정보를 제공합니다. 골프 규칙과 골프 규칙 공식 안내서 앞에서 언급된 주요 변경 사항보다 자세히 설명하지는 않습니다.

규칙조항	주 내용	2019년	2023년	추가
1.3a(2)	공이 놓여 있는 코스의 면적을 결정하는 것, 공이 코스에 있는지 여부를 포함하여 공이 닿아 있는지, 코스 내에 있는지 또는 비정상적인 상태인지 확인	이러한 결정에 "합리적 판단"을 적용해야 하는 시기가 불분명하다.	규칙을 적용하여 위치를 결정하는 경우 플레이어의 "합리적 판단"을 요한다. 플레이어가 규칙에 따라 지점·점·선·경계·구역·그 밖의 위치를 결정할 것을 요구한다.	

규칙조항	주 내용	2019년	2023년	추가
1.3c(4)	플레이어가 다른 규칙 또는 동일한 규칙을 여러번 위반함	위반 사항이 관련이 없을 경우: 플레이어는 별개의 페널티를 받습니다. 위반이 관련된 경우: 플레이어는 개입된 이벤트가 발생했을 때에만 복수의 페널티를 받는다.	위반하는 더 이상 행위가 관련이 있는지 여부를 결정할 필요가 없다. 중간 이벤트는 한 선수가 복수의 페널티를 받을지 여부를 결정하는 데 사용된다. 단지 두 개의 이벤트가 있다: 스트로크의 원문와 이번에 대한 인식.	규칙 및 관련 설명을 읽는 것이 좋습니다. 개정된 규칙을 이해하기 위한 세부 사항.
C. 3.2d(1)/2	"핸디캡"의 의미는 대에게 선언되었을 때 플레이어가 책임을 저야 한다는 것입니다.	선수가 상대방에게 잘못된 (크스) 핸디캡을 말하면 경기 전 또는 경기 중에 수정되지 않습니다. 상대방이 다음 스트로크를 하기 전에 실수를 한다거나, 선언된 핸디캡이 너무 높으면, 그 선수는 실격된다.	만약 선수가 상대방에게 자신의 핸디캡과 관련하여 잘못된 정보를 제공하고 이로 인해 선수가 너무 적게 주거나 너무 많은 스트로크를 받는 결과를 초래할 경우, 그 선수는 규칙 3.2d(1)에 따라 실격된다.	경기 중 한 디캡과 관련된 대화를 보다 정확하게 반영하도록 규칙이 개정되었다.

규칙조항	주 내용	2019 년	2023 년	추가
3.3b(1)	플레이어가 라운드 중에 둘 이상의 마커를 가집니다.	각각의 마커는 해당홀의 마커가 그홀의 결과를 확인해야 한다.	홀 점수를 인증하기 위해 여러 마커가 필요하지 않습니다. 한 마커가 플레이어가 모든 홀을 플레이하는 것을 볼 경우 스코어 카드에 표시됩니다.	
3.3b(4)	점수 카드에 핸디캡을 표시하기 위한 요구 사항	자신의 핸디캡을 확인하는 책임이 있는 플레이어는 반된된 점수 카드와 정확성을 확인합니다.	선수는 스코어 카드제출시 핸디캡을 보여줄 책임이 없다.(선수의 점수 계산을 담당하는 위원회가 경기를 위한 핸디캡 스트로크 및 해당 핸디캡 사용하여 플레이어의 순점수를 계산합니다.)	MLR L-2는 플레이어에게 책임감을 다시 부여하는 데 사용될 수 있습니다.

규칙조항	주 내용	2019년	2023년	추가
4.1a(2)	경기 도중 또는 경기 중지 중에 적합한 클럽이 손상됨(규칙 5.7a에 따라)	선수는 일반적으로 손상된 클럽을 교체해서는 안 되며, 제한된 경우를 제외하고 라운드(또는 플레이)가 중지되는 동안)	고의로 손상된 경우를 제외하고, 플레이어는 손상된 클럽을 수리하거나 다른 클럽으로 교체할 수 있습니다.	MLR G-9는 손상된 클럽을 교체할 수 있는 시기를 제한하기 위해 사용될 수 있다.
4.1a(3)	플레이어는 허용되지 않는 외부 부착물(클럽 페이스의 스티커 등)을 클럽으로 라운드를 시작한 경우	사용 전에 외부 부착물을 제거하더라도 그 클럽을 사용하여 스트로크를 할 경우 실격됩니다. 페널티 – 클럽을 사용할 수 없습니다. 페널티 – 그 클럽으로 스트로크를 할 경우 실격됩니다.	페널티 없이 클럽을 이용하여 스트로크를 하기 전에 외부 부착물을 제거하고 플레이한 경우. 페널티 – 클럽이 스트로크를 하기 전에 외부 부착물을 제거하기 전에 외부 부착물을 제거하지 않았으며, 클럽이 외부 부착물 여전히 부착한 상태에서 사용하면 선수가 실격됩니다.	

규칙조항	주 내용	2019 년	2023 년	추가
4.1b(4)	운반되는 부품으로 클럽 만들기	플레이어는 자신을 위해 운반되는 부품으로 클럽을 만들 수 없지만, 다른 사람을 위해 운반되는 부품으로 클럽을 만들 수 있다.	플레이어는 누구를 위해 운반되는지에 관계없이 코스에서 다른 사람이 운반하는 부품으로 클럽을 구성해서는 안 된다.	
C. 4.3a/1	그린 리딩자료 사용 제한 사항	이 제한은 퍼팅 그린에서의 스트로크와 퍼팅 그린에서 공을 그린에 올리려고 할 때 퍼팅 그린에서 벗어난 스트로크에 적용된다.	이 제한은 퍼팅 그린에서 작성된 스트로크에만 적용됩니다.	
5.2 & C. 5.2/1	코스와 경기와 상관 없는 홀에서의 연습	경기장에서 한 코스에서 경기하는 선수가 당일 오후에 같은 경기 장속, 같은 경기 내에서 다른 코스에서 경기해야 할 때 규칙 5.2b를 위반하여 연습하는 것으로 간주되는지 여부는 불분명하다.	홀에서 연습하는 선수가 그 경기의 어떤 라운드에도 사용되지 않는 것에 대한 페널티는 없다.	
6.3b	선수가 잘못 교체된 공에서 스트로크를 한 경우	일반 페널티	1벌타	

규칙조항	주 내용	2019 년	2023 년	추가
6.4b(1)	둘 이상의 플레이어들이 누군가에 이익을 주기 위해 순서를 바꾸어 플레이한 경우	만약 두 명 이상의 선수가 그들 중 한 명에게 이익을 주기 위해 교대로 경기하는 것에 동의하면, 그들은 각각 일반 패널티를 받는다.	두 명 이상의 선수가 한 명에게 유리한 조건으로 차례대로 경기에 임하고, 그 중 한 명이 함의된 상태에서 차례대로 한 명이 함에 경우, 각 선수는 일반 패널티를 받는다.	선수들이 규칙에서 허용되지 않는다는 것을 알고 있을 경우에 만 규칙 1.3에 따라 실격이 적용된다.
8.1d(2)	심판이 스트로크에 영향을 미치는 선수의 상태를 악화시킨 경우	플레이어가 악화된 상태로 복귀 할 수 있는지 여부가 불분명합니다. 심판이 판결을 내리는 동안 그러한 조건들이 악화되었을 때.	심판에 의해 악화된 스트로크에 영향을 미치는 조건은 규칙 8.1d(1)에 의해 허용된 대로 회복될 수 있다.	

규칙조항	주 내용	2019년	2023년	추가
9.3	정지 상태의 공이 자연의 힘에 의해 움직임	정지 상태의 공이 자연적인 힘에 의해 움직인다면(퍼팅 그린에서 교체된 후 제외), 공은 정지된 곳에서 플레이된다.	드롭한 볼, 플레이스한 볼, 리플레이스 한 후 정지된 볼이 자연의 힘에 의해 코스의 다른 지역이나 오비지역에 정지한 경우 원위치에 리플레이스한 후 플레이 하여야 한다. 퍼팅그린에서의 볼은 여전히 같다.	
10.2b(1) & (2)	플레이어션 가리키기에 대한 도움	퍼팅그린 이외 자신의 캐디나 다른 사람을 그 선이나 선 가까이에 서있도록 할 수 있으나 반드시 스트로크를 하기 전에 비켜나야 한다.	코스의 어디에서든지 플레이어션을 가리키거나 어떤 물체를 코스에 놓아두어선 안 된다.	
10.2b(3)	자세를 취하는 데 도움이 되는 물체 놓아두기	자신이나 다른사람이 놓아둔 물체를 이용하여 스트로크를 해서는 안 된다.	코스의 어디서든 경기 라인을 보여주거나 자세를 취하는 것을 돕기 위해 물체를 내려놓을 수 없다.	

규칙조항	주 내용	2019 년	2023 년	추가
10.2b(4)	캐디의 위치제한	규칙의 운영을 설명하기 위해 2019년에 세 가지 명확화가 발표되었다.	관련 2019년을 통합하기 위해 규칙이 다시 작성되었습니다. 명확하게 설명하고 다음에 따라 두 가지 결과를 제공합니다. 캐디는 플레이어 뒤에 서서 (1) 조준을 돕거나 (2) 조준 이외의 다른 것을 돕습니다. 캐디가 그들을 돕기 위해 선수 뒤에 서 있어서는 안 되는 영역("제한된 영역")이 주어졌다. 규칙은 이제 선수의 캐디(또는 다른 파트너)가 아닌 다른 사람이 제한된 구역에 서서 공의 비행을 추적할 수 있도록 허용한다.	

규칙조항	주 내용	2019년	2023년	추가
C. 10.2b/1, 10.2b(3)/1 and 10.2b(3)/2	플레이어선의 도움이 되지 않도록 서는 파터 사용	플레이어는 혼자 서있는 파터를 올바르게 내려놔서 사용할 수 있습니다. 공이 정지한 지점 뒤 또는 옆에 발을 조준하거나 자세를 취하거나 자세를 취하도록 도와줍니다.	2025년 1월 1일까지, 플레이어는 공이 정지한 지점 바로 뒤나 바로 옆에 놓음으로써 자신의 발을 조준하거나 자세를 취하거나 위치를 잡는 데 도움이 되는 독립 파터를 사용할 수 있다. 2025년 1월 1일부터는 규칙 10.2b(3)가 자침항 파터 사용에 적용된다. 파터와 이전 단락에서 설명된 행위는 더 이상 허용되지 않는다 그러나 선수는 여전히 규칙에 부합하는 독립 파터를 사용하여 스트로크를 하거나 규칙에서 허용하는 다른 행동을 취할 수 있다.	

규칙조항	주 내용	2019 년	2023 년	추가
11.1b(2)	퍼팅그린에서 파트너한 볼이 우연히 무언가에 맞았을때	움직이는 공이 맞으면 선수의 스트로크는 계산되지 않는다. 퍼팅 그린에 있는 모든 사람, 볼 또는 이동시 장해물 동 경기자 D-7인 스트로크가 카운트되지 않을 때 인스턴스를 제한하기 위해 도입되었습니다.	필요힐 때 볼플레이어가 스트로크를 한 위치에서 다시 하지 않는 경우 이 규칙에 따르면, 그들은 일반 페널티과 스트로크를 계산한다. 그러나 플레이어는 잘못된 장소에서 플레이한 것이 아니다. 퍼팅 그린에서 플레이한 공이 경우: • 플레이어, • 선수가 스트로크를 할 때 사용한 클럽, 또는 • 벌레, 곤충 또는 이와 유사한 동물 스트로크는 카운트되고 공은 그대로 플레이됩니다. 이 변경은 모델 로컬 규칙 D-7의 개념을 규칙으로 가져옵니다.	
11.2c(2)	파트한 볼이 고의로 방향이 바뀌거나 멈춰진 볼	스트로크가 카운트되지 않은 에 스트로크를 다시 하지 않으면 잘못된 장소에서 플레이한 것입니다.	일반 페널티를 받고 스트로크는 계산된다. 잘못된 장소에서 친 벌은 받지 않는다.	

규칙조항	주 내용	2019 년	2023 년	추가
14.1c	볼닦기	볼을 집어올리지 않고 볼을 닦은 경우	볼을 닦는 것이 허용되지 않을 때 볼을 닦은 경우 1벌타. 볼을 집어올린 후 반드시 리플레이스	
14.2d	모래에 있는 볼이 원래 라이가 변경된 경우	원래대로 라이를 만들어 놓지 않고 플레이하면 잘못된 장소에서 플레이한 것이다	만약 원상태로 복구하지 않은 원위치에서 플레이하였다면 일반 페널티을 받는다.	
16.3b & C. 16.3b/1	박힌볼 구제	기준점이 일반 영역에 있어야 한다는 요구사항은 없다. 일부 상황에서는 일반 구역에 구제구역의 일부가 없는 경우 구제를 받을 수 없습니다.	기준점은 일반 구역에 있어야 합니다. 공 바로 뒤에 있는 지점이 일반 구역이 아닌 경우, 플레이어는 일반 구역에서 가장 가까운 지점(홀에 더 가까이 있지 않음)을 찾아 기준점으로 사용해야 한다. – 설명 16.3b/1 참조.	

규칙조항	주 내용	2019 년	2023 년	추가
17.1d(2)	후방선구제	특정 규칙의 한계 내에 머무르는 동안, 선수는 라인에서 허들링 길이만큼 떨어진 곳에 공을 떨어뜨릴 수 있으며, 공이 기준점 앞으로 굴러갈 경우 재드롭 해야 한다. 모델 로컬 규칙 E-12는 기준점 앞에서 공을 플레이할 수 있도록 허용했다.	특정 규칙의 한계 내에 있는 동안, 선수는 라인에 공을 떨어뜨려야 하며, 공이 라인에 처음 닿아진 방향에서 허들길이 이내에 정지해야 한다.	
18.2a(1) & C, 18.2a(1)/3	볼찾는 시간과 볼확인에 필요한 합리적인 시간의 의미	선수는 볼찾는 시간 내에 발견된 이상, 볼찾는 시간이 만료된 후에 볼을 식별할 수 있는 합리적인 시간이 허용된다. '합리적'이라고 여겨지는 것은 각 위원회에 달려 있다.	볼찾는 시간이 끝날 무렵 발견된 볼을 식별하기 위해 위원회에서 선수에게 1분이 가장 많은 시간임을 명확히 하기 위해 새로운 Clarification이 추가되었다.	

규칙조항	주 내용	2019 년	2023 년	추가
20.2d(2)	스코어카드의 잘못된 핸디캡은 잘못된 선수가 경기에서 우승하는 결과를 낳는다.	플레이어는 스코어카드의 올바른 핸디캡에 대한 책임이 있습니다. 만약 핸디캡이 너무 높다면, 선수는 핸디캡 경기에서 실격될 것이고, 만약 핸디캡이 너무 낮다면, 그 핸디캡은 선수의 네트 점수를 계산하는 데 사용된다.	규칙 3.3b(4)에 따라, 위원회는 경기를 위한 선수의 핸디캡 스트로크를 계산하고 이를 사용할 책임이 있다. 선수의 스코어를 계산하다 위원회가 계산을 잘못하면 또는 이것은 향정상의 실수이며, 선수의 네트스코어와 경기 결과를 정정하기 위한 시간 제한이 없다.	
21.1c	스테이블포드에서의 페널티	만약 한 선수가 세 가지 예외 하나를 어기면, 그들은 다음을 얻는다. 홀중에서 감점된 점수	실격 대신 홀에서 0점을 받은 5가지를 제외하고는 모든 벌차이 일반 스트로크 플레이 그대로 적용된다. 이는 페널티가 플레이어아 경수에 영향을 미치지 않을 수 있는 것을 의미한다(예를 들어, 플레이어가 페널티를 받기 전에 홀에서 0점을 받았을 경우).	

규칙조항	주 내용	2019년	2023년	추가
21.3c	파/보기에서의 페널티	만약 한 선수가 세 가지 예외 중 하나를 어기면, 그들은 다음을 얻는다. 홀 수에서 홀 수를 뺄 홀 수가 나타냈습니다.	한 선수가 실격되는 대신 홀을 잃는 5가지를 제외하고는 모든 페널티가 일반 스트로크 플레이 그대로 적용된다. 이는 페널티가 플레이어의 점수에 영향을 미치지 않을 수 있다는 것을 의미한다(예를 들어, 플레이어가 페널티를 받기 전에 홀을 "잃어버린" 경우).	
22.1	스코어카드에 핸디캡을 표시하기 위한 요구 사항	개인적인 핸디캡을 확실히 해야 하는 선수들은 스코어카드에 있다.	제출한 스코어카드에 핸디캡을 표시할 책임이 없는 선수(선수의 경기에 스트로크를 계산하여 사용할 책임이 있는 위원회) 선수들의 네트스코어를 계산하기 위한 핸디캡	MLR L-2는 선수들에게 책임감을 다시 부여하기 위해 사용될 수 있다.

규칙조항	주 내용	2019년	2023년	추가
22.6	파트너 뒤에 서있기	선수는 파트너가 서 있을 경우 규칙 10.2b(4)를 위반한다. 일단 그룹이 그룹의 스탠스를 취하기 시작하면 그룹 뒤에서, 선수가 다시 자세를 취하지 않는 한 스트로크, 따라서 포섬에서는 페널티가 갈 은편에 적용된다.	새로운 규칙 22.6은 파트너가 다음 스트로크에 대한 정보를 얻기 위해 플레이어 뒤에 서 있는 것을 금지하고, 파트너가 그렇게 할 경우 일반 페널티를 받는다. 이것은 선수에 대한 규칙 10.2b(4)의 제한 사항에 추가됩니다.	
23.2(1)	스트로크플레이에서의 편의 스코어카드 (핸디캡경기)에서의 스코어카드에 핸디캡명 시)	개인적인 핸디캡 확실히 해야 하는 선수들은 그룹의 반원된 점수표에 있다.	제출된 스코어카드에 핸디캡을 표시할 책임이 있는 선수(선수의 핸디캡 스트로크를 계산하여 경기에 사용함 책임이 있는 위원회) 핸디캡을 사용하여 선수의 스코어를 계산할 수 있습니다.	MLR L-2는 선수들에게 책임감을 다 시 부여하기 위해 사용될 수 있다.

규칙조항	주 내용	2019 년	2023 년	추가
23.8	파트너 뒤에 서있기	포볼경기에서 선수가 자신의 뒤에 있는 파트너의 위치 때문에 규칙 10.2b(4)를 위반한다면, 그 선수는 규칙 10.2b(4)에 따라 일반적인 벌칙을 받는다. 위반이 도움이 되지 않는 한 파트너는 처벌을 받지 않습니다.	새로운 규칙 23.8은 파트너가 자신의 다음 스트로크에 대한 정보를 얻기 위해 플레이어 뒤에 서 있는 것을 금지하고, 그렇게 하면 파트너는 일반 페널티를 받게 된다. 이것은 선수에 대한 규칙 10.2b(4)의 제한 사항에 추가됩니다.	
24.4b	어드바이스제공자에 대한 제한	플레이어는 일단 스트로크 자체를 취하기 시작하면 뒤에 서 있는 조언자에 대해 규칙 10.2b(4)에 따라 자동으로 페널티를 받지 않는다.	플레이어의 조언 제공자는 자신의 캐디, 파트너 및 파트너의 캐디와 동일한 규칙 10.2b(4)를 적용하기 위한 기준을 준수한다.	
25	일반 – 장애가 있는 플레이어를 위한 수정 사항	수정 내용은 로컬 규칙으로 처리 되며 에 없습니다. 선택할 수 있는 위원회가 사항하지 않는 한, 어떤 수정사항을 적용할지 결정합니다.	수정 사항은 다른 규칙과 동일한 상태를 가지며, 모든 경기에 적용된다.	

규칙조항	주 내용	2019 년	2023 년	추가
25.2c	시각 장애 선수를 위한 규칙 10.2b(3)	시각 장애가 있는 선수는 다음과 같은 입장을 취하면 안 된다. 그들이 땅에 세운 물체와 관련하여 휴입을 긋는다.	시각 장애가 있는 선수는 자세를 취하는 것을 돕기 위해 땅에 물체를 놓을 수 있지만, 스트로크를 하기 전에 물체를 제거해야 한다.	
25.4k	규칙 11.1b와 관련된 보조 이동 장치의 상태	우연휘의 명확한 설명이 없는 한, 퍼팅 그린에서 플레이된 공이 어시스트 기둥 장치에 우연히 부딪혔을 경우, 플레이어에게 스트로크는 계산되지 않는다.	만약 퍼팅 그린에서 플레이된 공이 실수로 그들의 공에 맞는다면, 보조 이동 장치, 공이 붙은 상태에서 플레이어에야 합니다.	
MLR E-11	송전에 의하여 볼이 방향이 바뀐 경우	공이 굴절되면 선수의 스트로크는 계산되지 않는다. 송전선로 볼레이어가 스트로크를 다시 하지 않으면, 그들은 잘못된 장소에서 경기를 했었는 스트로크는 계산에 넣지 않는다.	선수는 송전선에 의해 꺾인 스트로크를 다시해야야 한다. 만약 그들이 그 다시하지 않는다면, 그 스트로크는 가운데 되고 그들은 일반 페널티를 받지만 잘못된 장소에서 플레이한 것은 아니다.	

규칙조항	주 내용	2019 년	2023 년	추가
MLR E-12	로컬룰 : 플레이어가 홀 이 이후로 절단된 일 반지역 일부에 매트 사용 허용	요청 시 이 로컬 규칙을 사용할 수 있었습니다.	이 로컬룰은 로컬룰 공식가이드북에 이제 포함된다.	
MLR F-5	로컬룰: MLR F-5의 사용을 플레이어가 홀 이 이후로 절단된 일 반 영역의 일부에 공 과 장해물이 있는 경 우로 제한	이 옵션은 모델 지역 규칙의 연지 내에 있으며 여러 투어 및 국가 협회에서 사용합니다.	이 로컬룰은 로컬룰 공식가이드북에 이제 포함된다.	
MLR F-22	임시적인 전력공급선 혹은 케이블	플레이어의 볼이 임시 전선이나 케이블을 맞힌 경우, 그 스트로크는 타수에 포함되지 않는다. 페널티 없이 반드시 자전의 스트로크를 한 곳에서 볼을 플레이 해야 한다.	플레이어는 일시적인 고가선이나 케이블에 부딪히는 것이 알려지거나 거의 확실한 경우 스트로크를 다시 스트로크를 해야 한다. 만약 그들이 그렇게 않는다면, 그 스트로크는 카운트되고 그 공은 일반 페널티를 받지만 잘못된 장소에서 일반 플레이이 한 것이 아니다.	

규칙조항	주 내용	2019 년	2023 년	추가
MLR F–23	로컬룰: 임시 고정 장해물(TIO)	위연하는 플레이어가 가장 가까운 쪽으로 완화를 제한하는 대신 TIO의 양쪽에서 TIO의 간섭을 완화할 수 있도록 허용할 수 있다. 하지만 다른 쪽에서 허용을 받을 때는 규칙 16.1의 절차를 사용한 물리적 간섭을 고려해야 함. 위원회는 다른 쪽이 무엇인지 결정해야 한다. 위원회는 다른 쪽의 구제가 가능하도록 구제를 제한할 수 있다. 규칙 16.1의 절차를 사용할 때는 사용할 수 없습니다.	위원회는 플레이어가 TIO의 양쪽에 있는 TIO의 간섭으로부터 벗어날 수 있도록 허용할 수 있다. 그러나 이 추가 옵션은 선수가 규칙 16.1의 절차를 사용하여 구제를 받을 때 적용되지 않는다.	

규칙조항	주 내용	2019 년	2023 년	추가
MLR F-24	로컬룰: 페널티 구역에서 움직이지 않는 장해물로부터 구제	선수의 공이 페널티 구역에 있을 때, 그들은 움직이지 않는 장해물로부터 보호를 받을 수 없다.	위원회는 선수들이 그들의 공이 페널티 구역에 있을 때 페널티 구역으로부터 벗어남 수 있도록 허용할 수 있다. 모든 장해물에서 벗어나게 해주는 것 보다는 어떤 장해물로부터 완화가 허용되는지 명시해야 합니다.	
MLR F-25	로컬룰: 플레이어는 좁은 울타리나 벽과 같은 비정상적인 코스 조건으로 인해 간섭을 받게 되며, 비정상적인 코스 조건의 반대편에 가장 가까운 완전한 완화 지점이 있을 수 있습니다.	모델 로컬 규칙은 허용되지만 세부적인 모델 로컬 규칙은 없습니다.	비정상적인 코스 조건을 통과하거나 통과하지 않고 가장 가까운 완전한 완화 지점을 결정해야 한다고 명시하는 로컬룰.	

34

규칙조항	주 내용	2019 년	2023 년	추가
MLR F-26	문겸룸: 경계 울타리 및 벽에 있는 게이트	경계 울타리와 벽에 있는 문들의 일부가 아니다. 경계물이며 장해물입니다. 위원회는 그것들을 통합적이라고 정의한다. 하지만 삼자에는 일체항으로, 게이트가 이동 가능한 경우, 이동식 장해물로 취급됩니다.	위원회는 단히 게이트를 경계 객체의 일부로 취급할 수 있으며, 그러한 위치에 있을 때는 단히 게이트를 이동할 수 없다. 게이트가 열려 있는 경우에는 이동식 장해물로 처리되어 이동할 수 있습니다.	
MLR G-4	연볼룸	페널티-일반 페널티	페널티- 1벌타	

35

규칙조항	주 내용	2019년	2023년	추가
MLR G-9	로컬룰: 파손되거나 현저하게 손상된 경우 클럽을 교체할 수 있다.	규칙 4.1a(2)는 제한된 경우를 제외하고 선수가 라운드 중(또는 경기가 중단된 동안) 손상된 클럽을 교체해서는 안 된다고 명시하고 있다. MLR G-9는 플레이어나 캐디에 의해 손상된 경우를 제외하고 부러지거나 심각한 손상을 입은 클럽을 교체할 수 있도록 한다.	규칙 4.1a(2)는 남용의 경우를 제외하고, 선수는 다음과 같이 명시한다. 클럽을 수리하거나 다른 클럽으로 교체한다. MLR G-9는 클럽이 깨지거나 크게 손상된 경우로 교체를 제한하는데, 여기에는 클럽에 금이 간 경우는 포함되지 않는다.	
MLR G-12	로컬룰: 서면, 인쇄, 전자 또는 전자제품의 사용 금지	MLR G-110I 발효되지 않는 한, 플레이어는 서면으로 작성된 모든 것을 사용할 수 있습니다. 인쇄, 전자 또는 디지털 제품을 중독하는 한 제한사항이 적용되는 경우 해서서 4.3a/1이 크기, 규모 및 기타 요구사항.	위원회는 퍼팅 그린에서 플레이 라인을 읽는 것을 돕기 위해 선수들이 필기, 인쇄, 전자 또는 디지털 자료를 사용하는 것을 금지할 수 있다.	

규칙조항	주 내용	2019년	2023년	추가
MLR I-2	로컬룰: 이전 파팅 그린 또는 그 근처에서의 연습 금지	위원회가 그린 파팅 연습을 금지할 수는 없다.	위원회는 그린에서 파팅 연습을 금지할 수 있다.	
MLR K-2	로컬룰: 멀티 라운드 경기 스트로크 플레이 경기에서 좋지 않은 시간	모델 로컬 구칙에는 경기 내에서 뽑 시간을 보탤 수 있는 권한이 상세히 규정되어 있지 않지만, 이것은 허용된다.	스트로크 플레이 경기 내내 지연플레이가 계속 적용될 수도 있다.	
MLR L-1	로컬룰: 다음과 같은 경우 규칙 3.3b(2)에 따른 벌칙의 수정 스코어 카드 누락된 플레이어 또는 마커 사인	만약 플레이어의 사명이나 마커의 사명 없이 점수 카드를 반납하면, 그들은 실격된다.	위원회는 실격 페널티를 2개로 수정할 수 있다. 선수나 마커의 사인 없이 제출된 경우	

규칙조항	주 내용	2019 년	2023 년	추가
MLR L-2	로컬룰: 점수 카드의 핸디캡에 대한 책임을 플레이어에게 부여합니다.	위의 규칙 3.3b(4)를 참조한다.	규칙 3.3b(4)는 점수표에 선수의 핸디캡을 표시할 필요가 없다고 명시하고 있다. 하지만, 위원회는 이 책임을 선수에게 다시 돌릴 수 있다.	
MLR M-3	로컬룰: 위반하는 피팅 능력이 현저하고 부정적이라는 명확한 증거가 있다고 판단한다. 엑시아나 아테토시스에 의해 충격을 받고, 플레이어는 WR4를 들고 있다. GD 패스 또는 EDGA 액세스 패스	상세한 제한된 상황에서 선수는 규정 10.1b클럽 고정에 따라 패널티를 면제받는 미공개 입장.	공식 가이드에 게재됨	

38

CONTENTS

- 머리말 ··· 03
- 이 책의 이용방법 ······················· 04
- 골프 클럽의 종류 ······················· 05
- 클럽의 종류와 특징 ··················· 06
- 각 클럽의 명칭 ··························· 07
- 볼의 구질 ··································· 08

1. 2023년도 주요 개정내용

- 2019년에 변경된 골프규칙 용어 ······················· 11
- R&A와 USGA가 뽑은 개정된 2023 골프규칙 5가지 ······ 12
- R&A와 USGA가 뽑은 개정된 주요 규칙 11개 ········ 12
- 2023 골프규칙 중 새롭게 도입되거나 수정된 주요한 모델 로컬룰 ······················· 13
- 변경사항 : 2019년 규칙과 2023년 규칙 비교 ········ 15

2. 필수 기본용어 해설

- 아웃 오브 바운즈 ······················· 53
- 일시적으로 고인물 ····················· 54
- 프로비저널볼 ····························· 56
- 수리지 ······································· 57
- 일반구역 ··································· 57

차례 ▪ Contents

- 드롭 ··· 58
- 언플레이어볼 ··· 60
- 외부의 영향 ··· 62
- 루즈임페디먼트 ·· 63
- 장해물 ·· 63
- 분실 ··· 66
- 플레이스 · 리플레이스 ·· 67
- 잘못된 볼 ··· 68
- 스탠스 ·· 68
- 인플레이 볼 ·· 69

3 골프는 출발 전부터 시작된다

- 의외로 짧은 「클럽 14개 이내」의 역사 ············ 72

4 티잉구역

- 스탠스하자 티에서 볼이 떨어졌다 ················· 76
- 티잉구역 밖에서 쳤다 ·· 77
- 티잉구역 밖에서 친 볼이 OB가 되었다 ········ 78
- 티잉구역에서 방해가 되는 나뭇가지를 잘라냈다 ···· 79
- 티마커가 방해가 되어 뽑아내고 쳤다 ··········· 80
- 티샷이 OB가 되었다 ·· 81

- 티샷한 볼이 보이지 않는다 ········· 82
- 티에서 떨어지고 있는 볼을 쳤다 ········· 83
- 바람에 흔들리는 볼을 티샷했다 ········· 84
- 스탠스가 구역 밖으로 나온 채 쳤다 ········· 85
- 프로비저널볼을 선언하지 않고 쳤다 ········· 86
- 지면을 평탄하게 고르고 티업 했다 ········· 87
- 표시를 해둔 채 티샷을 했다 ········· 88
- 헛스윙으로 떨어진 볼을 주웠다 ········· 89
- 헛스윙으로 떨어진 볼을 다시 티업하여 쳤다 ········· 90

5 일반구역

- 새가 볼을 물고 날아갔다 ········· 93
- 나무 밑동에 볼이 달라붙어 있다 ········· 94
- 나무 위의 볼을 확인할 수 없다 ········· 95
- 나무를 흔들어 볼을 떨어뜨렸다 ········· 96
- 나무지주가 방해가 되어 치지 못한다 ········· 97
- 낙엽을 제거하니 볼이 움직였다 ········· 98
- 낭떠러지 아래의 볼을 언플레이어블 처리방법에 의해 낭떠러지 위로 드롭하여 쳤다 ········· 99
- 노란 말뚝이 방해가 되어 볼을 칠 수 없다 ········· 100
- 동반경기자에게 알리지 않고 볼을 집어 올렸다 ········· 101
- 동반경기자의 볼을 찾고 있는 공용 캐디에 볼이 ········· 102
- 동반경기자의 볼을 쳤다 ········· 103

차례 ■ Contents

- 동반경기자의 볼이 방해가 되어 칠 수 없다 ········ 104
- 드롭 후에 분실구가 발견되었다 ········ 105
- 드롭을 다시 했는데 볼이 또 굴러가 버린다 ········ 106
- 드롭하기 전에 지면을 고르게 했다 ········ 107
- 드롭한 볼이 멀리 굴러갔다 ········ 108
- 드롭한 볼이 발에 맞았다 ········ 109
- 드롭한 볼이 벙커에 떨어졌다 ········ 110
- 드롭한 볼이 OB구역으로 들어갔다 ········ 111
- 러프에서 스트로크 중에 볼을 2번 쳤다 ········ 112
- 러프의 볼을 페어웨이로 드롭했다 ········ 113
- 리플레이스 해야 하는데 드롭해서 쳤다 ········ 114
- 마크하지 않고 볼을 집어 올렸다 ········ 115
- 백스윙으로 가지가 꺾였지만 그대로 쳤다 ········ 116
- 번호와 상표가 같은 볼이 2개 있다 ········ 117
- 벙커 옆의 고무래가 방해가 되어 칠 수 없다 ········ 118
- 볼 뒤의 풀을 발로 밟았다 ········ 119
- 볼 바로 앞의 낙엽을 제거했다 ········ 120
- 볼을 끌어당겨서 쳤다 ········ 121
- 볼의 표면이 갈라졌다 ········ 122
- 볼이 나무 위에 있다 ········ 123
- 볼이 눈 속으로 들어갔다 ········ 124
- 구제를 받기 위해 볼을 집어 올릴 때 마크를 하지 않았다 ········ 125

Contents ▪ 차례

- 가장 가까운 완전한 구제 기점이 볼을 칠 수 없는 곳에 있다 ·················· 126
- 볼이나 스탠스가 도로 위에 있다 ·················· 127
- 볼이 두더지집 속으로 들어갔다 ·················· 128
- 볼이 땅에 박혔다 ·················· 129
- 볼이 물웅덩이 속으로 들어갔다 ·················· 130
- 볼이 배수구 속으로 들어갔다 ·················· 131
- 볼이 연못에 들어간 것 같다 ·················· 132
- 볼이 정확히 두 조각났다 ·················· 133
- 볼이 주행 중인 트럭으로 날아들어 갔다 ·················· 134
- 파3홀에서 티샷한 볼이 분실되었다고 생각했는데 홀인원이었다 ·················· 135
- 샷에 방해가 되는 나뭇가지를 꺾었다 ·················· 136
- 수건을 깔고 그 위에 무릎을 꿇고 스트로크 하였다 ·················· 137
- 수리지 안에서 볼을 찾던 도중 실수로 발로 찼다 ·················· 138
- 수리지에 스탠스가 걸린다 ·················· 139
- 수색 중에 다른 사람의 볼을 주웠다 ·················· 140
- 수색 중에 동반경기자의 볼을 발로 찼다 ·················· 141
- 수색 중에 자신의 볼을 발로 찼다 ·················· 142
- 스윙 개시 후에 움직인 볼을 쳤다 ·················· 143
- 페어웨이에 있는 볼을 치기 위해 스윙 연습을 할 때 볼이 움직였다 ·················· 144
- 스탠스 자리를 만들어 쳤다 ·················· 145
- 쓰러진 나무가 방해가 되어 칠 수 없다 ·················· 146

차례 ▪ Contents

- 스탠스 한 후 클럽을 볼 뒤에 놓았더니 볼이 움직였다 ····· 147
- 스탠스 했더니 볼이 흔들렸다 ····· 148
- 완전히 떨어져 있지 않은 잔디를 제거했다 ····· 149
- 움직이고 있는 2개의 볼이 부딪쳤다 ····· 150
- 자신의 볼인지 확인할 수 없다 ····· 151
- 자신의 캐디가 볼을 찼다 ····· 152
- 자신의 캐디에 맞은 볼이 OB로! ····· 153
- 자신이 친 프로비저널볼의 순서를 모른다 ····· 154
- 작업용 차에 맞은 볼이 OB로 ····· 155
- 프로비저널볼을 친 후에 보니 훨씬 앞에 볼이 ····· 156
- 철망 반대쪽으로 드롭하여 쳤다 ····· 157
- 철망에 볼이 끼었다 ····· 158
- 친 볼이 공용 카트에 맞았다 ····· 159
- 친 볼이 동반경기자에 맞았다 ····· 160
- 친 볼이 동반경기자의 볼에 맞았다 ····· 161
- 친 볼이 자신에게 맞았다 ····· 162
- 친 볼이 캐디의 주머니 속으로 들어갔다 ····· 163
- 풀을 헤치고 볼을 확인했다 ····· 164
- 헛스윙 후 제자리로 돌아온 클럽이 볼에 맞아 OB가 되었다 ····· 165
- 홀에 가까운 프로비저널볼을 먼저 쳤다 ····· 166
- 흙 속에서 몸을 내밀고 있는 지렁이가 방해 ····· 167
- 흙이 잔뜩 묻어있어 볼의 확인이 불가능하다 ····· 168
- 흙투성이 볼을 주워서 닦았다 ····· 169

Contents ▪ **차례**

- OB 볼인 줄 모르고 쳤다 ····· 170
- OB말뚝 바깥의 철망이 방해가 되어 볼을 옮겼다 ····· 171
- OB말뚝이 방해가 되어 뽑아내고 쳤다 ····· 172
- 티샷이 심하게 슬라이스가 나서 OB가 났다 ····· 173
- 파5에서 세컨샷이 그린 앞 숲에 들어갔다 ····· 174
- 준비된 플레이어(홀에 더 가까운)가 먼저 치는 경우 ····· 175
- 볼이 카트 도로에 맞고 그 위에 멈춘 경우 ····· 176
- 미스샷 후 화가나서 클럽으로 나무를 쳤다 ····· 177
- 티샷한 볼이 위험한 동물이 있는 곳으로 가 멈추었다 ····· 178
- 드롭구역에 드롭 한 볼이 구역밖으로 나가 그대로 쳤다 ····· 179
- 플레이 선 후방에 캐디가 서 있었다 ····· 180
- 구제 받는 방법을 착각하여 어깨높이에서 드롭하고 플레이 하였다 ····· 181

6 페널티구역

- 스트로크한 볼이 바로 앞의 노랑색 페널티구역으로 들어갔다 ····· 185
- 다리 난간이 방해가 되어 칠 수 없다 ····· 186
- 다리 위에 있는 볼을 소울을 대고 쳤다 ····· 187
- 다리 위의 낙엽을 치우고 쳤다 ····· 188
- 물속으로 들어간 볼을 클럽을 이용해 찾았다 ····· 189
- 물속에 있는 낙엽을 치우고 쳤다 ····· 190
- 물속에서 움직이는 볼을 쳤다 ····· 191

차례 ■ Contents

- 볼이 그린에서 되돌아와 바로 앞 노랑색 페널티구역으로
  들어갔다 ·· 192
- 볼이 노랑색 페널티구역으로 들어갔다 ················ 193
- 볼이 적색 페널티구역으로 들어갔다 ··················· 194
- 스탠스를 하면서 클럽이 수면에 닿았다 ··············· 195
- 연못 속에 있는 볼을 확인을 위해 집어 올렸다 ······ 196
- 페널티구역 안에 있는 풀에 클럽이 닿았다 ··········· 197
- 페널티구역 안에 있던 볼이 흘러가 OB로 ············· 198

7 벙커

- 동반경기자의 샷으로 인해 볼이 모래에 덮였다 ······ 201
- 모래를 골라 놓은 곳으로 볼이 되돌아왔다 ··········· 202
- 모래에 볼이 완전히 묻혔다 ······························· 203
- 모래에 클럽을 대고 스탠스 했다 ························ 204
- 백스윙을 하다 클럽이 벙커에 떨어져 있는 나뭇가지에
  닿았다 ·· 205
- 벙커 밖에서 드롭하고 쳤다 ······························· 206
- 벙커 안에 사용하지 않는 클럽을 놓았다 ·············· 207
- 벙커 안에 우산을 꽂아 두었다 ··························· 208
- 벙커 안에서 낙엽을 제거했다 ···························· 209
- 벙커 안에서 동반경기자의 볼을 쳤다 ·················· 210
- 벙커 안에서 볼 2개가 붙어있다 ························· 211
- 벙커 안의 고무래가 방해! ································ 212

Contents • 차례

- 모래가 없는 벙커 턱에 볼이 박혔다 ⋯⋯⋯⋯⋯⋯⋯ 213
- 벙커에서 친 볼이 OB로 들어간 후에 모래를 골랐다 ⋯⋯ 214
- 볼을 치기 전에 자신의 캐디가 발자국을 지웠다 ⋯⋯⋯ 215
- 볼을 확인하기 위해 벙커 안의 낙엽을 움직였다 ⋯⋯⋯ 216
- 볼이 물에 잠긴 벙커 속으로 들어갔다 ⋯⋯⋯⋯⋯⋯⋯ 217
- 볼이 벙커 안의 물웅덩이로 들어갔다 ⋯⋯⋯⋯⋯⋯⋯ 218
- 스탠스를 취한 후에 볼이 움직였다 ⋯⋯⋯⋯⋯⋯⋯⋯ 219
- 옆 벙커의 모래를 테스트했다 ⋯⋯⋯⋯⋯⋯⋯⋯⋯⋯ 220
- 처음에 난 발자국을 지웠다 ⋯⋯⋯⋯⋯⋯⋯⋯⋯⋯⋯ 221
- 확인을 위해 벙커 안에서 볼을 집어 올렸다 ⋯⋯⋯⋯⋯ 222
- 앞 조에 플레이어들을 기다리다가 실수로 벙커 모래에 클럽이 닿았다 ⋯⋯⋯⋯⋯⋯⋯⋯⋯⋯⋯⋯⋯⋯⋯⋯ 223

8 퍼팅 그린

- 그린 밖에 놓아둔 깃대에 볼이 맞았다 ⋯⋯⋯⋯⋯⋯⋯ 227
- 그린을 손으로 쓰다듬어 잔디의 결을 읽었다 ⋯⋯⋯⋯ 228
- 깃대를 뽑았더니 볼이 나왔다 ⋯⋯⋯⋯⋯⋯⋯⋯⋯⋯ 229
- 깃대를 한쪽 손에 든 채 퍼팅했다 ⋯⋯⋯⋯⋯⋯⋯⋯⋯ 230
- 깃대에 끼인 상태로 볼이 멈추었다 ⋯⋯⋯⋯⋯⋯⋯⋯ 231
- 깃발에 감겨서 볼이 떨어지지 않는다 ⋯⋯⋯⋯⋯⋯⋯ 232
- 낙엽을 집어내니 볼이 움직였다 ⋯⋯⋯⋯⋯⋯⋯⋯⋯ 233
- 다른 볼을 플레이스했다 ⋯⋯⋯⋯⋯⋯⋯⋯⋯⋯⋯⋯ 234
- 돌풍으로 인해 볼이 홀로 들어갔다 ⋯⋯⋯⋯⋯⋯⋯⋯ 235

차례 ■ Contents

- 동반경기자가 퍼팅하는 중에 볼을 주웠다 ······ 236
- 동반경기자의 마크에 플레이스하고 쳤다 ······ 237
- 동반경기자의 볼이 들어갈 것 같아서 깃대를 뽑았다 ······ 238
- 동반경기자의 볼이 멈추지 않는데 퍼트했다 ······ 239
- 마크한 동전을 움직였다 ······ 240
- 마크할 때 볼이 움직였다 ······ 241
- 스파이크 자국을 클럽으로 수리했다 ······ 242
- 볼과 홀 사이에 물웅덩이가! ······ 243
- 볼에 붙은 진흙을 잔디에 비벼서 털어냈다 ······ 244
- 볼이 그린과 프린지의 경계에 있어서 마크하고 주웠다 ······ 245
- 볼이 들어갈 것 같아서 깃대를 뽑았다 ······ 246
- 수건으로 낙엽을 쓸어냈다 ······ 247
- 스탠스 후에 바람으로 인해 볼이 움직였다 ······ 248
- 어프로치샷이 그린 위에 있는 볼에 맞았다 ······ 249
- 캐디가 우산을 받쳐준 채 쳤다 ······ 250
- 캐디에게 볼을 굴려서 건네주었다 ······ 251
- 캐디의 발에 볼이 맞았다 ······ 252
- 캐디가 깃대로 플레이선을 접촉했다 ······ 253
- 퍼트 라인 위의 이슬을 손으로 쓸어냈다 ······ 254
- 플레이선을 걸치고 쳤다 ······ 255
- 퍼트한 볼이 다른 볼에 맞았다 ······ 256
- 한 쪽으로 옮겨 놓은 마크를 제자리로 돌려놓지 않고 쳤다 ······ 257

- 홀 가장자리에서 멈춘 볼이 11초 이상 지난 후 들어갔다 ·············· 258
- 홀 반대편에서 끌어당겨 쳤다 ·············· 259
- 플레이선상에 있는 스파이크 자국을 보수했다 ·············· 260
- 홀에 세워둔 깃대에 볼이 맞았다 ·············· 261
- 홀의 가장자리를 손으로 눌렀다 ·············· 262
- 잘못된 그린에 올라가 있는 볼을 그대로 쳤다 ·············· 263
- 긴 퍼터를 잡은 손을 가슴에 대고 퍼트를 했다 ·············· 264
- 캐디가 플레이어의 허락 없이 그린에서 볼을 집어 올렸다 ·············· 265
- 리플레이스 한 볼이 저절로 움직여 홀에 가까워 졌다 ·············· 266
- 볼 마크를 제거하지 않고 퍼트하였다 ·············· 267
- 퍼트한 볼이 우연히 깃대를 잡고 있는 캐디에게 맞았다 ·············· 268
- 파3에서 6번째 샷을 하기 전에 'OK'를 받았다 ·············· 269

어드바이스·기타

- 그립에 손수건을 감고 쳤다 ·············· 273
- 다른 사람에게 사용클럽 번호를 물었다 ·············· 274
- 동반경기자가 일방적으로 조언했다 ·············· 275
- 드라이버가 부러져서 동반경기자에게 빌렸다 ·············· 276
- 미스 샷의 원인을 동반경기자에게 물었다 ·············· 277
- 벙커 안에서 샷 연습을 했다 ·············· 278

차례 ■ Contents

- 볼을 휴대용 온열기로 따뜻하게 해서 쳤다 ········ 279
- 부러진 퍼터를 교체했다 ········ 280
- 솔방울로 연습 샷을 했다 ········ 281
- 스코어를 실제보다 많게 써냈다 ········ 282
- 잘못된 타순으로 티샷 했다 ········ 283
- 클럽 개수를 초과했음을 5번째 홀에서 알았다 ········ 284
- 티잉구역 위에서 퍼트 연습을 했다 ········ 285
- 페널티구역 · 연못 · 깃대의 위치를 물었다 ········ 286
- 홀 가까이에 있는 볼을 먼저 쳤다 ········ 287
- 홀까지의 거리를 동반경기자에게 물었다 ········ 288

10 부록

- 야드 · 미터 환산표 ········ 290
- 골프규칙 · 용어해설 ········ 291
- 신페리어 방식 ········ 309
- 칩샷 거리 맞추기 – 12 원칙 ········ 310
- 플레이어가 지켜야 할 골프의 핵심 행동과 규칙 ········ 312
- 매너와 에티켓 ········ 314
- 전략점수카드 ········ 327
- 라운드 평가 ········ 329

필수 기본용어 해설

● 오래된 골프규칙용어보다는 변경된 골프규칙용어를 사용해보시죠.

용어의 의미를 정확하게 이해하자

골프규칙을 정확하게 이해하기 위해서는 골프규칙 용어를 정확하게 알아야 합니다. 2019년 골프규칙 용어는 새롭게 만들어진 것도 있지만 기존에 사용했던 용어를 다음과 같이 변경하여 사용되니 유의하시기 바랍니다.

- 티잉그라운드(teeing ground) ⇒ **티잉구역(teeing area)**
- 스루더그린(through the green) ⇒ **일반구역(general area)**
- 어드레스(address) ⇒ **스탠스(stance)**
- 국외자(outside agency) ⇒ **외부의 영향(outside influence)**
- 워터해저드(water hazard) ⇒ **페널티구역(penalty area)**
- 캐주얼워터(casual water) ⇒ **일시적으로 고인물(temporary water)**
- 목적외 퍼팅그린(wrong putting green) ⇒ **잘못된 그린(wrong green)**

또 하나, 출발 전에 잊어서는 안 되는 것이 볼의 확인입니다. 올바른 볼을 사용할 책임은 모두 플레이어 자신에게 있습니다. 자신의 볼임을 확인할 수 있도록 표시를 해 둡시다.

출발할 때 함께 플레이하는 사람들과 사용할 볼에 대한 확인(브랜드명과 번호를 확인한다)은 물론, 그 이외에도 예를 들어 프로비저널볼을 칠 때 등, 1구째와 2구째의 식별이 가능하도록 표시를 해 둡니다. 자신이 사용하는 볼과 번호, 품종이 같은 로스트볼은 코스 내에 수 없이 많습니다. (규칙 6-3a, 7-2)

Term ▪ 필수 기본용어 해설

● 용어 : 아웃 오브 바운즈 (Out of Bounds, OB)

위원회가 규정한 코스의 경계 밖의 모든 구역을 「아웃 오브 바운즈(이하 OB)」라고 합니다. 이곳으로 볼이 들어갔을 때에는 1벌타가 주어집니다. 보통은 흰색 말뚝이나 흰색선, 울타리로 경계가 정해져 있고, 인접한 2개의 말뚝 또는 울타리의, 코스 측 지표의 두 점을 연결한 선상에서 볼이 완전히 OB구역으로 나갔을 때에 OB가 됩니다. (OB말뚝과 선이 같이 표시된 경우 선이 우선합니다.)

또한 OB선은 수직으로 위와 아래, 양방향으로 적용되므로 나뭇가지에 걸려있는 볼도 OB선의 수직상방(垂直上方)보다 밖으로 나가 있으면 OB가 됩니다. 볼이 OB가 되었을 때에는 앞서 볼을 친 지점으로 되돌아가 다음 플레이를 합니다.

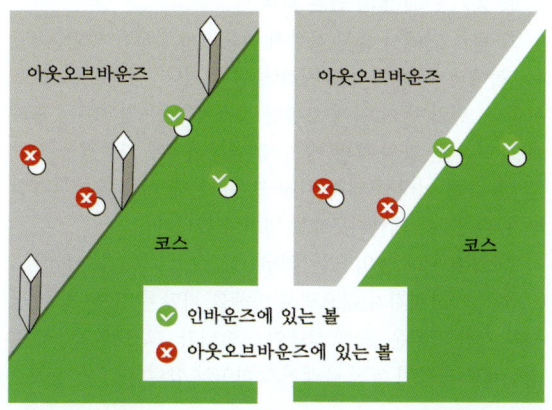

필수 기본용어 해설 • Term

● 용어 : 일시적으로 고인물(temporary water)

지표면에 일시적으로 고인 물을 말하며, 스탠스(지면을 발로 강하게 밟지 않고 자연스럽게 취하는 스탠스)를 취하기 전이나 후에 반드시 고인물이 있는 상태라야 일시적으로 고인물이라 할 수 있습니다. 그러나 이슬과 서리는 일시적으로 고인물이 아닙니다.

● 일시적으로 고인물에 볼이 있거나, 의도된 스탠스 구역, 스윙구역에 방해를 받을 때 구제 방법(벌 없음)

Ⓐ 일반구역에 볼이 있는 경우
  ① 홀에 가깝지 않으면서 방해를 피할 수 있는 벙커와 그린 외의 장소에서, 볼에서 가까운 가장 완전한 구제지점(nearest point of complete reliefe)을 정한다.
  ② 그 곳에서 한 클럽 길이 이내로 ①의 조건에 적합한 구역 내에 드롭한다.

Ⓑ 벙커 안에 볼이 있는 경우
  그 벙커 안에서 홀에 가깝지 않으면서 방해를 피할 수 있는, 볼에서 가장 가까운 지점(물이 있거나, 없거나)으로 드롭한다. 만약 벙커 안에 드롭할 장소가 없을 경우에는 홀과 볼을 연결한, 볼의 후방 벙커 밖 연장선상에 기준점을 정한 후 한 클럽 이내 구제지역 내 드롭하는데 이 경우에는 1벌타가 주어지는 페널티구제를 받아야 합니다.

Ⓒ 그린 위에 볼이 있는 경우
  홀에 가까워지지 않으면서 방해를 피할 수 있는 장소(원구와 가장 가까운 곳)에 플레이스 합니다. 그곳이 그린 밖일 경우에도 드롭이 아닌 플레이스 하여야 합니다.

Term · 필수 기본용어 해설

- 벙커 / Bunker
- 퍼팅 그린 / Putting Green
- 일시적으로 고인물 / Temporary water
- 페어웨이 / Fair Way
- 일반구역 / General area
- 러프 / Rough
- 페널티구역 / Penalty area
- 아웃오브바운즈 / Out of bounds
- 페어웨이 / Fair Way
- 러프 / Rough
- 티잉구역 / Teeing area

골프 코스의 명칭

필수 기본용어 해설 · Term

● 용어 : 프로비저널볼(provisional ball)

 볼을 페널티구역(penalty area) 이외의 장소에서 분실했을 우려가 있을 때나, OB가 되었을 염려가 있을 때에, 플레이어는 시간 절약을 위하여 잠정적으로 다른 볼을 칠 수 있으며, 이 잠정적으로 쳐 둔 볼을 가리켜 「프로비저널볼」이라고 합니다.

 만약 처음에 친 볼이 분실되거나 OB가 된 경우에는 이 「프로비저널볼」로 다음 플레이를 합니다. 또한 분실하지 않았거나 OB가 되지 않은 경우에는 처음 볼로 플레이해야 합니다.

 「프로비저널볼」을 칠 때에 플레이어는 동반경기자나 마커에게 「프로비저널볼을 친다」고 선언해야 합니다. 단지, 다른 볼을 플레이하겠다거나 다시 플레이 하겠다고 말하는 것만으로는 충분하지 않습니다. 반드시 '프로비저널볼'이라는 용어를 사용하거나 그밖에 방법으로 의사를 분명하게 나타내야 합니다. **(규칙18-3b)**

Term ▪ 필수 기본용어 해설

● 용어 : 수리지
(修理地, ground under repair)

코스의 수리나 보수 또는 조성(造成) 중인 구역으로 경기위원회가 표시했거나 선언한 구역을「수리지」라고 합니다.

일반적으로는 파란말뚝이나 하얀 선으로 표시하며, 이 말뚝과 하얀 선은「수리지」에 포함됩니다.「수리지」구역은 나뭇가지 위에 있는 볼 등, 수직상방(垂直上方)에도 해당됩니다. 또한 표시가 없어도 다른 곳으로 옮기기 위해 쌓아놓은 물건이나 그린 키퍼가 만든 구멍도「수리지」가 됩니다. 단, 코스 위에 남겨진 베어진 풀이나 옮길 의사가 없이 방치된 물건은「수리지」가 아닙니다.

이「수리지」로 볼이 들어가 놓여있거나 스탠스가「수리지」안에 닿은 경우에는 벌타 없이 구제를 받아 볼을 이동할 수 있습니다. (구제 방법은『일시적으로 고인물』(p.42)의 방법과 동일)

● 용어 : 일반구역(general area)

코스 안의 다음 구역을 제외한 모든 장소를「일반구역」이라고 합니다.
  ① 플레이하고 있는 홀의 티잉구역
  ② 플레이하고 있는 홀의 퍼팅그린
  ③ 코스 안에 있는 모든 페널티구역
  ④ 모든 벙커

즉, 현재 플레이하고 있는 홀 이외의 다른 홀의 티잉구역, 코스 내 잘못된 그린은「일반구역」에 해당됩니다.

필수 기본용어 해설 • Term

● 용어 : 드롭(drop)

볼을 무릎 높이에서 정해진 지점에 떨어뜨리는 것을 「드롭」이라고 합니다.

규칙에 따라 「드롭」할 때에는 반드시 플레이어 본인이 해야 하며 볼을 던지거나 굴리거나 볼에 스핀을 주어서는 안된다.

● 드롭의 방법(규칙14-3)

볼은 반드시 플레이어 자신이 하여야 하며 반드시 똑바로 선 자세에서 지면으로부터 플레이어의 무릎높이에 똑바로 드롭구역 안에 먼저 떨어지도록 그 볼을 손에서 놓아야 하며 던지거나 굴리거나 볼에 스핀을 주어서는 안된다.

● 볼을 재 드롭해야 하는 경우

① 드롭한 볼이 드롭구역 지면에 떨어지기 전에 플레이어나 자신의 캐디의 몸 또는 자신의 휴대품에 닿거나 맞았을 때(횟수 상관없음)

Term ▪ 필수 기본용어 해설

허용되는 경우	허용되지 않는 경우
 무릎높이	 무릎높이
 무릎높이	 무릎높이

② 드롭한 볼이 드롭구역 밖으로 굴러 나갔을 때
③ 드롭한 볼이 드롭구역 밖에 최초로 떨어졌다가 드롭구역으로 들어 왔을 때
　ⓐ 드롭한 볼은 반드시 구제지역 안에 멈추어 있어야 합니다.

필수 기본용어 해설 ▪ Term

ⓑ 드롭한 볼이 구제지역에 떨어진 후 사람(플레이어 자신, 캐디)이나 장비 또는 그 밖의 외부 영향에 닿아 볼이 멈춘 장소가 구제지역 안일 경우 그대로 플레이 하여야 합니다.

ⓒ 어깨높이에서 드롭한 볼을 모르고 그대로 치면 1벌타(구제 지역 안에 있는 볼)를 받거나 2벌타(구제 지역 밖에 있는 볼)를 받아야 합니다.

● **볼을 플레이스해야 하는 경우**

앞서 말한 ②, ③과 같이 되어 재 드롭한 결과 다시 그 상태가 되었을 때에는, 재 드롭할 당시 볼이 처음 코스 위에 떨어진 곳에 그 볼을 플레이스해야 합니다.

또한 드롭이나 재 드롭한 볼로 재 드롭이나 플레이스를 해야 하는 볼이 연못이나 낭떠러지 등 곧 회수할 수 없는 곳으로 굴러갔을 때에는 벌타 없이 다른 볼로 교체할 수 있습니다.

● 용어 : 언플레이어블 볼(unplayable ball)

볼을 그 위치에서 칠 수 없는 경우나, 그대로 치면 큰 트러블이 될 것 같은 경우로, 볼이 페널티구역 밖에 있을 때 플레이어는 1벌타를 받고 「언플레이어블 볼」로 간주하고 볼을 드롭할 수 있습니다.

● **「언플레이어블 볼」일 때의 처치법(규칙19-2)**

다음의 세 가지 방법 중에서 선택합니다.

Term ▪ 필수 기본용어 해설

① 앞서 볼을 친 지점으로 돌아가서, 그곳과 가장 가까운 지점으로 ⓐ~ⓒ의 방법으로 처리한다.
  ⓐ 티잉구역일 경우에는, 티잉구역 안에 플레이스(place). (티업도 가능)
  ⓑ 일반구역 및 벙커일 경우에는, 그 위치에 드롭
  ⓒ 그린 위일 경우에는 그 위치에 플레이스
② 볼과 홀을 연결한, 볼의 후방 연장선상에 기준점을 정한 후 그곳에서 한 클럽 이내 드롭한다. 이때 볼이 최초로 지면에 닿은 지점으로부터 어느 방향으로든 한 클럽 길이 이내에 놓여 있으면 인플레이 볼이다. (벙커 안에 볼이 있을 경우에는 벙커 안에 드롭한다)
③ 볼이 있던 지점에서 두 클럽 길이 이내의, 홀에 가깝지 않은 지점에 드롭한다. (벙커 내에 볼이 있을 때 플레이가 불가능할 경우 벙커 내에 드롭한다)

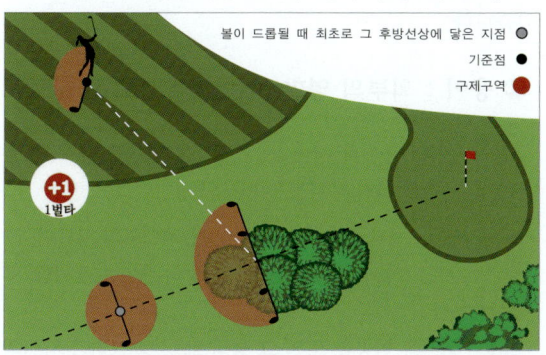

④ 벙커에서 언플레이어블 볼 처리 방법 중 추가 선택으로 벙커 밖에서 플레이 하길 원할 경우 2벌타를

필수 기본용어 해설 • Term

받고 볼과 홀을 연결한 벙커 밖의 볼의 후방 연장선에 기준점을 정한 후 그곳에서 한 클럽 이내에 드롭한다. (규칙19-3b)

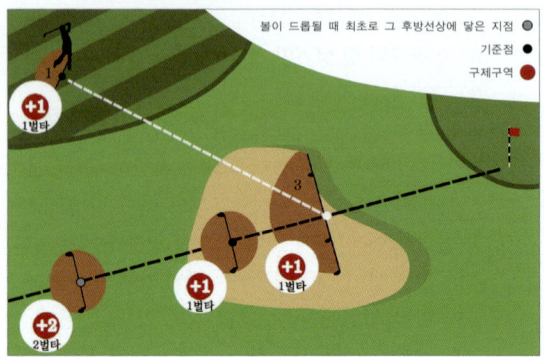

또한 「언플레이어블 볼」로서 집어올린 볼은 닦을 수 있습니다.

🟢 용어 : 외부의 영향(outside influence)

플레이어의 볼이나 장비 또는 코스에 영향을 미칠 수 있는 다음과 같은 사람과 사물을 외부의 영향이라고 한다.

- 모든 사람 : 플레이어 자신과 캐디, 플레이어의 파트너, 그의 캐디, 상대방과 상대방의 캐디는 제외함
- 모든 동물
- 모든 자연물, 인공물 또는 그 밖의 모든 것 그러나 자연의 힘(natural forces)은 외부의 영향이 아니다.

Term ▪ 필수 기본용어 해설

● 용어 : 루즈임페디먼트 (loose impediment)

코스 안에 있는 돌, 낙엽, 나뭇가지, 동물의 사체와 배설물, 뭉쳐진 흙덩어리, 벌레, 곤충 등의 자연물로, 지면에 고정되어 있지 않은 것, 지면에서 자라지 않은 것, 지면에 단단히 박혀있지 않은 것, 볼에 부착되어있지 않은 것을 「루즈임페디먼트」라고 합니다.

그린 위에 있는 경우에 한해, 모래와 흙도 「루즈임페디먼트」가 됩니다. 서리와 이슬은 「루즈임페디먼트」가 아닙니다. 눈과 얼음(인공의 것은 제외)은 「루즈임페디먼트」로서 제거하거나 「일시적인 고인물」로서 구제를 받을 것을 플레이어가 선택합니다.

● 용어 : 장해물(obstructions)

골프장에 있는 코스와 분리할 수 없는 물체(integral object)와 코스의 경계물을 제외한 모든 인공적으로 만들어진 물건으로, OB구역을 표시하는 말뚝과 울타리, OB구역 안에 있는 움직일 수 없는 물건, 경기 위원회가 코스와 분리될 수 없는 부분이라고 지정한 물건을 제외한 모든 물건을 「장해물」이라고 합니다. 이 「장해물」에 의해 플레이에 방해가 발생할 때에는, 벌없는 구제가 가능합니다. 그러나 볼이 페널티구역 안에 정지해 있는 경우 「장해물」로부터 벌 없이 구제 받을 수 없습니다.

「장해물」에는 「움직일 수 있는 장해물」과 「움직일 수 없는 장해물」의 두 가지가 있습니다.

필수 기본용어 해설 • Term

● 움직일 수 있는 장해물

병, 캔, 비닐봉지, 종이컵, 모래 정리기, 거리표시 말뚝, 노란말뚝, 빨간말뚝, 파란말뚝, 작업용 트럭 등 합리적인 노력으로, 그 장해물이나 코스를 훼손시키지 않으면서 움직일 수 있는 장해물로 규정됩니다.

「움직일 수 있는 장해물」은 자유롭게 제거할 수 있지만 볼이 그 속이나 위에 있을 때에는 벌타 없이 그 볼을 집어 올려 그 움직일 수 있는 장해물을 제거한 후 볼이 있던 곳 바로 아래를 기점으로 홀에 가깝지 않게 기준점을 정한 후 그린 위에서는 플레이스를, 그 이외의 장소에서는 한 클럽 이내 드롭합니다.

● 움직일 수 없는 장해물

나무지주(支柱), 도로(포장, 자갈), 다리, 철기둥, 관객석, 스코어보드 등 불합리한 노력 없이는 움직일 수 없거나 그 장해물이나 코스를 훼손시키지 않고는 움직일 수 없는 장해물을 말한다.

「움직일 수 없는 장해물」안이나 위, 또는 근처에 볼이 멈추어 있어(페널티구역 내는 제외) 스탠스 및 의도하는 스윙구역을 방해할 때와, 그린 위의 볼의 퍼팅라인 위에 「움직일 수 없는 장해물」이 있을 때에는 벌타 없이 구제를 받을 수 있습니다.

Term ▪ 필수 기본용어 해설

● 「움직일 수 없는 장해물」에서 구제받는 방법

Ⓐ 일반구역에 볼이 있는 경우

① 홀에 가깝지 않고 그 장해물이 없었다면 플레이어가 볼이 멈춘 곳에서 했어야 할 스트로크와 같은 스트로크(장해물이 없었다면 그곳에서 사용했을 클럽)를, 볼을 이동함으로써 방해없이 칠 수 있는 곳, 볼이 멈춘 장소에 가장 가까운 완전한 구제 지점을 정합니다.

② 그 지점에서 한 클럽 길이 이내로, 홀에 가깝지 않으면서 그 방해를 피할 수 있는 페널티구역과 그린 이외의 장소에 직접 떨어지도록 드롭합니다.

Ⓑ 벙커에 볼이 있는 경우

위의 Ⓐ와 마찬가지로 처리하는데, 구제의 가장 가까운 지점과 드롭할 지점은 벙커 안이어야 합니다. 또한 「1벌타」를 받고, 홀과 볼을 연결한 볼의 후방 연장선상(아무리 후방으로 가도 거리에 제한은 없다)에 드롭하는 것도 선택할 수 있습니다.

Ⓒ 그린 위에 볼이 있는 경우

홀에 가깝지 않으면서 그 장해를 피할 수 있는, 볼이 멈춘 곳에서 가장 가까운 페널티구역 이외의 지점에 플레이스합니다.

Ⓓ 티잉구역 위에 볼이 있는 경우에는 위의 Ⓐ와 똑같이 처리합니다.

(Tip) 집어 올린 볼은 닦을 수 있습니다.

필수 기본용어 해설 • Term

● 용어 : 분실(Lost)

인플레이 볼이 다음 상태가 되었을 때에 볼은「분실」되었다고 합니다.
① 볼을 찾기 시작하여 3분 이내에 발견하지 못했을 때
② 자신의 볼이라고 확인할 수 없을 때
③ 플레이어가 다른 볼을 규칙에 따라 인플레이했을 때 (플레이어가 볼을 찾지 않는 경우도 포함)
④ 처음의 볼이 있을 것으로 생각되는 지점보다 홀에 더 가까운 곳에서 잠정구를 쳤을 때
⑤ 교체한 볼을 스트로크 했을 때
⑥ 발견되지 않은 볼이 외부의 영향에 의하여 움직였거나 방해물 안에 있거나 비정상적인 코스상태 안에 또는 페널티구역 안에 있다는 것을 플레이어가 알고 있거나 사실상 확실하기(known or virtually certain) 때문에 다른 볼을 인플레이로 했을 때

볼을 일시적인 고인물이나 수리지, 동물구멍 등에서 볼이 발견되지 않았지만 그 볼이 비정상적인 코스상태 안이나 위에 정지한 것을 알고 있거나 사실상 확실한 경우에는 벌 없이 구제를 받을 수 있습니다. **(규칙 16-1e)**

● 일시적인 고인물, 수리지 등에서의 분실

Ⓐ 페널티구역 이외의 장소에서 분실한 경우에는,
① 볼이 방해를 받는 구역(일시적인 고인물, 수리지 등)과의 경계선상을 가로지르는 지점에 가장 가까우면서 홀에 가깝지 않은, 페널티구역과 그

Term ▪ 필수 기본용어 해설

　　린 이외의 장소로, 그 방해를 피할 수 있는 지점을 코스 상에 정한다.
　② 그 지점에서 한 클럽 길이 이내로, 홀에 가깝지 않으면서 페널티구역과 그린 이외의 방해를 피할 수 있는 곳에 드롭한다.
ⓑ 페널티구역 안에서 분실한 경우에는(페널티구역 내의 일시적인 고인물, 수리지 이외의 장소에 있는 동물이 사는 구멍이나 방출물 등에서 분실한 경우에는 구제받지 못한다)

페널티구역에 있는 볼에 대한 구제를 받는 방법을 선택하여야 합니다. **(규칙 17-1d)**

● 용어 : 플레이스(place) · 리플레이스(replace)

규칙에 따라 볼을 정해진 새로운 장소에 놓는 것을 「플레이스」라고 합니다. 또한 볼을 원래의 위치에 놓는 것을 「리플레이스」라고 합니다.

볼의 식별이나 그린 위의 볼 등 「리플레이스」해야 하는 규칙에 따라 볼을 집어 올릴 때에는, 집어 올리기 전에 그 위치를 볼 마크나 동전 등으로 표시해두어야 합니다.

「플레이스」는 플레이어 본인이 하여야 하고, 「리플레이스」는 플레이어 본인이나 리플레이스를 해야 할 볼을 집어 올리거나 움직이게 한 사람이 하여야 합니다.

볼을 「플레이스」나 「리플레이스」할 때에 우연히 볼이나 볼 마크가 움직여도 벌타는 없고, 움직인 볼과 볼 마크는 원래 위치로 되돌려 놓습니다.

필수 기본용어 해설 ▪ Term

● 용어 : 잘못된 볼(wrong ball)

플레이어가 다음의 세 가지 상태 이외의 모든 볼을 플레이했을 때 플레이어는「잘못된 볼 플레이」를 한 것으로 간주됩니다.
① 플레이어가 플레이하고 있는 인플레이 볼
② 프로비저널볼
③ 제2의 볼(골프규칙 20-1c(3)에 따라 플레이한 볼)
즉, 다른 플레이어의 볼과 코스 상에 버려진 볼 등을 치면 모두「잘못된 볼 플레이」가 됩니다.

「잘못된 볼 플레이」를 한 경우에는 그 잘못된 볼로 플레이한 회수에 관계없이 2벌타가 주어지며, 잘못된 볼로 플레이한 스트로크 수는 계산에 넣지 않고 처음에 잘못된 볼로 플레이한 지점으로 돌아가 올바른 볼로 다시 쳐야 합니다. 만약 다음 티샷을 하기 전까지(최종홀에서는 그린을 떠나기전에),「잘못된 볼 플레이」를 정정하지 않았을 때에는『경기실격』이 됩니다.

또한 규칙에서 인정하지 않는데 볼을 교체하고, 그 볼로 플레이를 했을 때는「잘못된 볼 플레이」가 아니며 두 벌타를 받고, 교체한 볼이 인플레이 볼이 됩니다.

● 용어 : 스탠스(stance)

플레이어가 스트로크를 준비하고 실행하려고 자세를 잡는 몸과 발의 위치를 말합니다.

Term ▪ 필수 기본용어 해설

● 용어 : 인플레이 볼(in play ball)

　티잉구역 위에서 제1타를 쳤을 때부터 그린 위의 홀로 들어가기까지 사이의 골프규칙을 적용시킨 상태에 있는 볼을 「인플레이 볼」이라고 합니다.

　따라서 티샷을 한 순간부터 볼은 「인플레이」가 되어, OB가 되거나 분실하거나 집어 올린 경우를 제외하고 그 「인플레이」상태는 그 홀을 홀 아웃할 때까지 계속됩니다.

　인플레이 볼이 다른 볼로 교체되었을 경우 그 교체된 볼이 인플레이 볼이 됩니다. 이때 규칙상 교체가 허용되는 볼은 당연히 벌타는 주어지지 않지만 만약 규칙에서 허용하지 않는데 볼을 교체하고 그 볼에 스트로크한 경우 1벌타를 받고 그 교체한 볼로 플레이를 끝내야 합니다.

골프는 출발 전부터 시작된다.

- 실격!
- 라운드 전 볼에 표식하기, 클럽갯수(14개) 확인은 필수!

의외로 짧은 「클럽 14개 이내」의 역사

출발시간에 지각하는 것은 많은 사람에게 실례가 됩니다. 자신의 출발시간 1시간 전에 도착합시다.

코스에 도착하면 먼저 클럽을 확인.
「라운드에 사용할 수 있는 클럽의 개수 14개」의 규칙은 누구나 알고 있습니다. 이 규칙이 생긴 것은 1938년으로 그리 오래된 이야기가 아닙니다.

2년 연속(1934, 35년) 미국 아마추어, 영국 아마추어의 양 타이틀을 손에 쥔 미국의 로손 리틀이 26개의 클럽으로, 결승 상대인 영국의 잭 워러스(사용클럽 10개)에 압승.

당시 클럽은 목제인 히코리(hickory)로, 파손에 대비하여 예비 클럽을 여러 개 가지고 다니거나, 예비용으로 많은 클럽을 가지고 다니는 사람도 있었습니다[리틀은 웨지(wedge)를 5개 가지고 왔습니다].

이후 개수 제한이 제기되어, 1938년 USGA(미국골프협회)가 「1라운드에서 사용할 수 있는 클럽은 14개 이하」라고 규정하여 오늘에 이르고 있습니다.

클럽의 개수를 초과한 경우, 1라운드에 스트로크 플레이에서는 최대 4벌타, 매치플레이에서는 라운드당 최대 2홀까지 패가 됩니다.

티잉구역
(Teeing Area)

- 안전을 확인하자.
- 다른 플레이어를 배려하자.
- 슬로우 플레이(slow play)는 엄금!
- 티잉구역 안에 들어가는 것은 한 사람뿐!

슬로우 플레이는 엄금

 티잉구역에서도 슬로우 플레이를 해서는 안됩니다. 자기 차례가 오면 40초 안에 샷을 마쳐야 합니다. 이후 다음 사람의 플레이 시간 측정은 앞 플레이어가 피니시 동작을 마치고 티를 줍고 나온 다음 3초 정도 후에 바로 시간측정이 통상적입니다.

 그렇더라도 시간적으로나 정신적으로 여유를 가지고 준비 해둘 필요가 있습니다.

 최근 인터넷 등에서 출발예약을 한 플레이어가, 시간이 거의 다 되어 뛰어 들어와 문제를 일으키는 경우도 종종 볼 수 있는데, 플레이어의 가방이 도착해 있지 않으면 골프장 측도 곤란합니다. 조편성(draw)을 어떻게 짜야하는지 알 수 없고, 캐디 배치와 카트 준비 등도 필요하므로 적어도 플레이 30분 이상 전에 플레이 할 사람의 골프가방이 모두 준비되어 있지 않으면 진행에 많은 어려움을 주게 됩니다.

 헐레벌떡 뛰어 들어와 곧바로 1번 홀로 향해 티업을 하게 된다면 좋은 플레이를 기대할 수 없습니다.

티잉구역(Teeing area)

골프에서 플레이하는 홀의 출발장소를 「티잉구역」이라고 합니다. 이 구역은 2개의 티마커(tee marker)로 아래 그림과 같이 표시되어 있습니다.

티샷(tee shot)은 반드시 이 티잉구역 안에 볼을 놓고 쳐야합니다. 만약 구역 밖에서 치게 되면 2벌타가 주어지고, 친 타수와 볼은 무효가 되고 티잉구역 안에서 다시 치지 않으면 안 됩니다. 만일 정정하지 않고 계속 플레이하여 홀아웃하고 다음 홀에서 티샷하면 실격됩니다. **(규칙6-1b)**

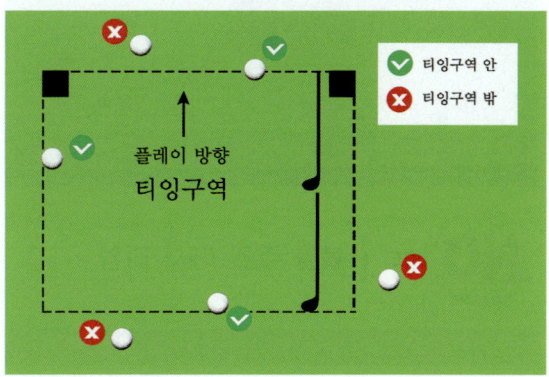

티잉구역 ■ Teeing area

스탠스(stance)하자 티(tee)에서 볼이 떨어졌다!

상황

볼 뒤에 클럽헤드를 놓고 스탠스를 했더니 헤드가 볼에 닿아 티업한 볼이 떨어졌다.

 벌타 | 볼을 주워 다시 티업

골프규칙

티업된 볼은 치려는 의사를 가지고 스트로크하기 전까지 그 볼은 인플레이 볼이 아닙니다. 따라서 무벌타로 주워서 다시 티업하여 칠 수 있습니다. 또한 왜글(waggle)하여 볼에 맞았을 때에도 치려는 의사가 없었으므로 벌타 없이 다시 티업하면 됩니다. **(규칙6-2b[5])**

Teeing area ▪ 티잉구역

티잉구역 밖에서 쳤다!

상황

지면이 평평하여 치기 좋을 것 같은 장소를 찾아 티업하여 쳤는데, 그곳은 티마커보다 앞으로 나온 구역이었다.

 **2벌타** | 구역 내에서 제3타째로서 다시 티샷

골프규칙

티잉구역 밖에서 티샷을 하면 2벌타가 됩니다. 이 경우에는 처음 스트로크한 볼이 OB가 났더라도 계산에 넣지 않고 제3타째로서 티잉구역 안에서 티샷을 다시 하지 않으면 안 됩니다. **(규칙6-1b)**

티잉구역 ▪ Teeing area

티잉구역 밖에서 친 볼이 OB가 되었다!

상황

티잉구역 밖에서 친 티샷이 볼이 크게 슬라이스가 나서 OB가 되어 버렸다.

2 벌타 | **구역 내에서 제3타째로서 다시 티샷**

골프규칙

티잉구역 밖에서 친 볼은 인플레이되지 않기 때문에 그 볼이 OB가 되었더라도 OB에 관한 벌타는 적용하지 않습니다. 그러나 구역 밖에서 친 벌로 2벌타가 주어지므로 이 경우에는 티잉구역 내에서 제3타째로서 반드시 다시 쳐야 합니다. 그렇지 않고 홀아웃하고 다음 홀 티샷을 하면 실격입니다. **(규칙6-1b)**

티잉구역에서 방해가 되는 나뭇가지를 잘라냈다!

상황

티잉구역 상에 뻗어있는 나뭇가지가 스윙에 방해가 되어 손으로 꺾었다.

 **2벌타** | 그대로 티샷

골프규칙

티잉구역 지면의 라이 개선은 허용되지만 스윙구역의 개선은 인정되지 않습니다. 이 경우에는 2벌타가 됩니다. 또한 티업의 위치를 꺾은 나뭇가지의 영향이 없는 곳으로 변경해도 이 벌타를 면할 수는 없습니다. **(규칙8-1c)**

티잉구역 ■ Teeing area

티마커(tee marker)가 방해가 되어 뽑아내고 쳤다!

잘못 친 볼이 앞에 있는 다른 티잉구역의 티마커 바로 뒤에서 멈췄다. 방해가 되어 이 티마커를 뽑은 후 쳤다.

 벌타 | 뽑은 티마커는 원래 자리에 세워둔다.

골프규칙

플레이 중인 티잉구역 이외 다른 티잉구역의 티마커는 단순한 표시이고 인공물이므로 「움직일 수 있는 장해물」로 무벌타로 뽑아내고 칠 수 있습니다. 단, 티샷을 할 때만은 예외로 뽑거나 움직이게 해서는 안 됩니다. 또한 뽑은 티마커는 원래 자리로 되돌려 놓아야 합니다. **(규칙6-2b[4])**

Teeing area ▪ 티잉구역

티샷이 OB(Out of Bounds)가 되었다!

상황

티샷한 볼이 크게 훅이 나서 OB구역으로 떨어졌다.

1 벌타 | 한 번 더 티샷

골프규칙

처음 샷(1타)+OB의 벌타(1타)+다시 친 샷(1타)=3타, 즉 제3타째로서 티잉구역에서 다시 플레이하지 않으면 안 됩니다. 이 때에는 티업하고 칠 수 있습니다.

(규칙18-2b)

※ 2019년부터 로컬룰로 공식대회를 제외한 라운드에서 볼이 OB되거나 분실된 경우 볼이 없어진 지점으로부터 홀에 가깝지 않는 거리내에 페어웨이가 시작되는 지점으로부터 두 클럽 이내 드롭하고 플레이 할 수 있습니다. 티샷이 OB된 경우 앞으로 나가 드롭하고 치면 4타째가 됩니다다(로컬룰로 명시한 경우에만).

티잉구역 ▪ Teeing area

티샷한 볼이 보이지 않는다!

상황

미스 샷(miss shot)으로 깊은 러프에 떨어진 티샷한 볼이 아무리 찾아도 보이지 않는다.

벌타 | 다른 볼로 다시 티샷
직전의 티샷을 한 곳에서 다시 티샷

골프규칙

아무리 찾아도(3분 이내) 볼이 발견되지 않을 때에는 「분실구」가 되며, 그 볼을 최후로 플레이한 지점으로 되돌아가 다시 쳐야 합니다. 이 경우는 처음의 샷(1타)+분실구의 벌타(1타)+다시 친 샷(1타)=3타, 즉 제3타째가 됩니다. 원위치로 돌아가 티업하고 스트로크를 하기 전인데 원구를 3분안에 찾은 경우 찾은 원구로 플레이 하여도 됩니다. (규칙18-2b)

Teeing area • 티잉구역

티에서 떨어지고 있는 볼을 쳤다!

상황

스윙을 시작하니 티에서 볼이 떨어졌다. 하지만 스윙을 멈출 수 없어 떨어지고 있는 볼을 그대로 쳤다.

 벌타 | 볼이 멈춘 지점에서 다음 샷을

골프규칙

원래 볼이 움직이고 있는 동안은 플레이해서는 안 되지만, 그대로 스윙하였기 때문에 (볼을 맞히지 못했더라도) 스트로크를 한 것입니다. 그러므로 볼이 멈춘 지점이 티잉구역 안이어도 그곳에서 다음 샷을 합니다. 또한 페널티 없이 그 볼을 집어올려 티에 올려 놓을 수도 있으며, 티잉구역 내에서 위치를 변경해도 됩니다. 다시 티업해서 친 샷은 2타째가 됩니다. (규칙10-1d 예외, 6-2b[5])

티잉구역 ▪ Teeing area

바람에 흔들리는 볼을 티샷(tee shot)했다!

강풍 속의 티잉구역 상에서 스탠스 했을 때 티 위의 볼이 바람에 흔들렸지만 그대로 샷을 했다.

 벌타 | 볼이 멈춘 지점에서 다음 샷을

골프규칙

티 위에서 볼이 흔들려도 볼의 위치는 변하지 않기 때문에 규칙상으로는 「움직이고 있는 볼」로 간주하지 않습니다. 따라서 무벌타입니다. 또한 움직이고 있는 볼을 쳐도 티샷인 경우에는 무벌타입니다.
(규칙6-2b, 10-1d)

Teeing area ▪ 티잉구역

스탠스(stance)가 구역 밖으로 나온 채 쳤다!

티업은 티잉구역 안이었지만 스탠스한 발은 구역 밖으로 나와 있는 채로 티샷을 쳤다.

 벌타 | 볼이 멈춘 지점에서 다음 샷을

골프규칙

티잉구역 규칙이 적용되는 경우는 티업의 위치입니다. 즉 볼의 위치가 티잉구역 내에 있는지가 문제가 되는 것이므로 스탠스가 티잉구역 밖으로 나와 있어도 관계없습니다. (규칙6-2b)

티잉구역 ▪ Teeing area

프로비저널볼을
선언하지 않고 쳤다!

티샷은 OB가 된 것 같아 일단 만약을 대비해 프로비저널볼을 쳤는데 실수로 '프로비저널볼'이라고 선언하는 것을 잊었다.

1벌타 | 친 프로비저널볼이 인플레이 볼(ball in play)

골프규칙

프로비저널볼을 선언하지 않고 치면 처음 볼이 세이프(safe) 되었더라도 분실구가 되며, 나중에 친 2구째 볼이 인플레이 볼이 됩니다. 이 경우의 계산은 분실구와 마찬가지로 2구째 친 볼이 제3타째가 되며, 다음 플레이는 제4타째로서 멈춰있는 볼을 쳐야 합니다. **(규칙18-3b)**

Teeing area ▪ 티잉구역

지면을 평탄하게 고르고 티업 했다!

상황

티잉구역이 울퉁불퉁하여 티업하기 전에 발로 밟아서 평탄하게 정리했다.

NO 벌타 | 그대로 티샷

골프규칙

티샷하기 전까지 볼은 인플레이가 되지 않습니다. 규칙에서 티잉구역에서는 언제라도 티잉구역 상의 지면 개선을 인정하고 있습니다. 또한 땅의 흙을 쌓아 티(tee) 대신 그 위에 볼을 올려 놓거나 클럽이나 발로 지면을 파서 티 대신 놓고 쳐도 무방합니다. **(규칙6-2b[3])**

※ 참고 : 티잉구역 내 모래나 흙, 이슬, 서리, 물을 제거해도 벌은 없습니다.

티잉구역 • Teeing area

표시를 해둔 채 티샷을 했다!

티업한 볼의 뒤쪽에 치는 방향에 대한 표시로 자신의 클럽을 놓고 그대로 티샷했다.

2 벌타 | 볼이 멈춘 지점에서 다음 샷을

골프규칙

플레이선을 표시하고 도움을 받고자 클럽을 지면에 내려놓은 경우(다른 사람이 놓아둔 물체일지라도) 그것을 이용하여 스트로크를 위한 스탠스를 한 경우 위반입니다. 규칙 위반인줄 알고 치기전에 그 스탠스에서 물러나거나 그 물체(클럽)를 치우더라도 2벌타는 피할 수 없습니다.
(규칙10-2b[3])

Teeing area ▪ 티잉구역

헛스윙으로 떨어진 볼을 주웠다!

헛스윙을 했는데 티에서 볼이 떨어져서 다시 티업하기 위해 떨어진 볼을 주웠다.

 벌타 | 다시 티업해서 티샷하면 2타째!

골프규칙

치려는 의사를 가지고 스트로크한 순간에 볼은 인플레이가 됩니다. 그러나 페널티 없이 볼을 집어올리거나 움직여도 되며 그 볼이 놓인 그대로 플레이하거나, 그 볼이나 다른 볼을 그 티잉구역 어디에서든 티에 올려 놓거나 티업하지 않고 플레이 해도 됩니다. 다시 치는 샷은 2타째가 됩니다. (규칙6-2b[6])

티잉구역 ▪ Teeing area

헛스윙으로 떨어진 볼을
다시 티업하여 쳤다!

헛스윙하여 티에서 떨어진 볼을 주워 다시 티업하여 쳤다.

 **벌타** | 볼이 멈춘 지점에서
다음 샷을, 벌 없이 다시 티업

골프규칙

헛스윙하여 티에서 떨어진 볼은 인플레이 볼입니다. 그러나 헛스윙하여 아직도 티위에 있든 떨어져 티잉구역 안에 멈춘 경우 그 볼을 그대로 치든가 벌 없이 주워 올려 다시 티업해도 되며 티잉구역내 다른 장소로 조금 옮겨 티업해도 됩니다. 다시 칠 샷은 2타째가 됩니다. **(규칙6-2b[6])**

일반구역
(General Area)

- 연습 스윙으로 잔디를 상하게 하지 않는다.
- 잔디 조각은 제자리에 갖다 놓는다.
- 안전을 확보한 상태라면 순서에 관계없이 칠 것을 권장한다. (ready golf)
- 볼을 찾을 때에는 3분만!!

일반구역

일반구역은 다음의 구역을 제외한 코스 내의 모든 장소를 말합니다.

A. <u>홀을 시작할 때 사용되는 티잉구역</u>

B. <u>모든 페널티구역</u>

C. <u>모든 벙커</u>

D. 플레이 중인 홀의 퍼팅그린

* '페어웨이'는 일반구역 내 잔디가 잘 정돈되어 있는 곳을 말함

일반구역에서 지켜야할 것은 앞 페이지에 말한 것과 같습니다.

- <u>연습 스윙으로 잔디를 상하게 하지 않는다.</u>
- <u>잔디 조각은 제자리에 갖다 놓는다.</u>
- <u>안전을 확보한 상태라면 순서에 관계없이 볼을 칠 것을 권장한다. (ready golf)</u>
- <u>볼을 찾을 때에는 주어진 3분만 찾아야 하며 동반경기자가 같이 찾아주는 것은 좋은 매너 골프!</u>

요점은 플레이하고 있는 다른 사람들의 입장이 되어 플레이할 것. 코스는 플레이어 전원이 소중히 할 것. 그렇게 하면 코스 내의 골퍼 모두가 항상 쾌적하게 플레이할 수 있습니다.

볼을 찾는 것은 규칙상 3분간은 허용되지만 3분이 경과한 후에 원구를 찾더라도 그 볼은 분실구입니다.

General Area · 일반구역

새가 볼을 물고 날아갔다!

상황

페어웨이에 있던 자신의 볼을 날아온 새가 물고 가버렸다. 가까이에서 보았기 때문에 틀림없는 자신의 볼임을 알았다.

 **벌타** | 물고 간 지점에 리플레이스

골프규칙

새(외부의 영향)가 볼을 물고 간 것을 알고 있거나 사실상 확실한 경우 볼은 벌 없이 원래 위치에 리플레이스 해야 하며, 그 볼을 회수할 수 없을 때에는 다른 볼을 플레이스 합니다. 또한 원래 볼이 있던 지점을 알 수 없는 경우에는 그 위치를 추정하여야 합니다. 단, 자신의 볼을 새나 다른 동물들이 가져갔는지 확인할 수 없을 경우에는 분실구가 됩니다. (규칙9-6, 14-2c, 18-2b)

일반구역 ▪ General Area

나무 밑동에 볼이 달라붙어 있다!

볼이 나무 밑동에 딱 달라붙어 있어 그대로는 도저히 볼을 칠 수 없다.

벌타 | 언플레이어블 볼을 선언한다.

골프규칙

자신의 볼이 페널티구역 이외의 장소에 있을 때 언제든지 그 상태로는 볼을 칠 수 없을 경우나, 그대로 치면 큰 트러블이 될 것 같아 1벌타를 받더라도 볼을 이동시키는 것이 좋다고 생각한 경우에는 「언플레이어블 볼」을 선언하고 구제를 받을 수 있습니다. **(규칙19-2a)**

General Area ▪ **일반구역**

나무 위의 볼을 확인할 수 없다!

상황

도저히 올라가지 못할 것 같은 높은 나무 위에 볼이 걸려 언플레이어블(unplayable) 볼로 처리하고 싶지만 자신의 볼인지 아닌지 확인 할 수 없다.

1벌타 | 분실구로서 먼저 위치로 되돌아가 다음 샷을

골프규칙

자신의 볼이라고 합리적인 시간 내에 확인할 수 없으면 자신이 그 방향으로 친 것이 확실하다 하더라도 「언플레이어블 볼」 처리를 할 수 없습니다. 이 경우에는 분실구가 되며 1벌타가 부가됩니다. 다음 플레이는 앞서 쳤던 지점으로 돌아가서 합니다. **(규칙18-2a)**

일반구역 ▪ General Area

나무를 흔들어 볼을 떨어뜨렸다!

가느다란 나뭇가지에 걸려있는 볼이 금방 떨어질 것 같아서 나뭇가지를 흔들어 떨어뜨렸다.

 **벌타** | 원래 위치로 리플레이스하거나 언플레이어블 볼 처리(추가1벌타)

골프규칙

나무를 흔들어 볼을 떨어뜨리면 인플레이 볼을 움직인 것이 되어 1벌타입니다. 떨어뜨린 볼은 원래 위치에 리플레이스 하여야 하지만 실제로 칠 수 없으므로 1벌타를 추가하고 언플레이어블을 선언하게 됩니다. 그러나 나무를 흔들어 볼을 찾기 전에 만일 흔들어 떨어진 볼이 자신의 볼이면 언플레이어블 볼로 처리할 것을 흔들기 전에 선언하면 1벌타만 받고 플레이하면 됩니다. **(규칙9-4b)**

나무지주가 방해가 되어 치지 못한다!

상황

볼이 나무지주에 딱 붙어있어 그 지주가 방해가 되어 그대로는 스윙이 불가능하다.

 **벌타** | 움직일 수 없는 장해물 또는 움직일 수 있는 장해물로 구제를 받는다.

골프규칙

볼이 페널티구역 이외의 곳에 멎어 있는 경우에는, 나무지주는 「움직일 수 없는 장해물」이 될 수도 있고 「움직일 수 있는 장해물」이 될 수도 있으므로 처리시 신중을 가해야 합니다. 지주목이 합리적인 노력으로 그것을 치울 수 있다면 움직일 수 있는 장해물로 지주목을 치우고 플레이 하여야 합니다. 그러나 지주목이 단단히 고정되어 있거나 로컬룰로 움직일 수 없는 장해물로 정해진 경우 지주목을 치워서는 안되고 벌없는 구제를 받아야 합니다. **(용어의 정의, 규칙16-1)**

일반구역 ▪ General Area

낙엽을 제거하니 볼이 움직였다!

볼 바로 옆에 있던 낙엽(루즈임페디먼트)을 제거하니 볼이 굴렀다.

1 벌타 | 원래 위치로 리플레이스

골프규칙

일반구역이나 페널티구역에서 낙엽 등의 루즈임페디먼트를 제거할 때에 볼이 움직인 경우에는 1벌타가 주어집니다. 움직인 볼은 원래 있던 위치에 리플레이스 합니다. (규칙9-4a)

General Area • 일반구역

낭떠러지 아래의 볼을 언플레이어블 처리 방법에 의해 낭떠러지 위로 드롭하여 쳤다!

상황

언플레이어블

낭떠러지 아래에 있던 볼을 「언플레이어블」로 선언하고 수평거리에서 두 클럽 길이 이내의 낭떠러지 위에 드롭하여 쳤다.

2 벌타 | 볼이 멈춘 지점에서 다음 샷을

골프규칙

나무 위처럼 공중에 있는 볼의 경우 수직거리는 무시할 수 있지만, 볼이 지면에 있는 경우에는 언덕이 수직으로 잘려있어도 그 수직거리는 무시할 수 없습니다. 이 경우 잘못된 장소(wrong place)에 드롭하고 친 것으로 되며 중대한 위반(seriously breach)이 아니면 2벌타가 주어집니다. **(용어의 정의: 구제구역)(규칙14-7a)**

일반구역 ■ General Area

노란 말뚝이 방해가 되어 볼을 칠 수 없다!

페널티구역을 표시하는 노란말뚝 바로 앞의 페어웨이에 볼이 멈추었다. 그대로는 칠 수 없어 그 말뚝을 뽑아내고 쳤다.

 벌타 | 장해물로서 구제를 받는다.

골프규칙

OB말뚝 이외의 노란말뚝, 빨간말뚝, 파란말뚝, 거리표시 말뚝 등은 규칙상 모두 「장해물」이며 간단히 뽑을 수 있을 때에는 움직일 수 있는 장해물로서 뽑고 칠 수 있습니다. 단단히 박혀 뽑히지 않을 경우(단, 볼이 페널티구역이 아닌 인바운즈에 있는 경우)에는 움직일 수 없는 장해물로서 구제를 받을 수 있습니다. **(용어의 정의: 장해물)(규칙15-2a)**

General Area ▪ 일반구역

동반경기자에게 알리지 않고 볼을 집어 올렸다!

상황

동반경기자도 마커(marker)도 멀리 있어서 흙이 잔뜩 묻은 볼을 자신의 볼인지 확인하기 위해 혼자서 집어 올렸다.

 **벌타** | 원래 위치로 리플레이스
이 경우 볼 확인을 위하여 일부분만 닦아야 합니다.

골프규칙

볼의 식별을 위해 집어 올릴 때에는 볼을 마크한 뒤, 마커나 동반경기자에게 사전에 그 의사를 알리고 볼을 집어 올려도 되고 그 의사를 알리지 않고 볼을 집어올려도 벌이 없습니다. 그러나 합리적으로 볼을 확인할 필요가 없을 때 플레이어가 규칙에 따라 자신의 볼을 집어 올렸거나 집어 올리면서 마크하지 않았거나, 허용되지 않는데 그 볼을 닦은 경우 1벌타를 받습니다. (규칙 7-3)

일반구역 • General Area

동반경기자의 볼을 찾고 있는 공용 캐디에 볼이!

동반경기자의 볼을 찾던 중 자신이 친 생크난 볼이 자신과 동반경기자의 공용 캐디에 우연히 맞았다.

 **벌타** | 볼이 멈춘 지점에서 다음 샷을

골프규칙

움직이고 있는 볼이 우연히 플레이어나 상대방 다른 플레이어, 플레이어들의 캐디나 장비를 맞힌 경우 벌타는 없으며 볼이 정지한 그대로 플레이 하면 됩니다.
(용어의 정의: 외부의 영향, 규칙11-1a)

General Area · 일반구역

동반경기자의 볼을 쳤다!

상황

"내볼…"

실수로 동반경기자의 볼을 쳤다.

 **벌타** | 자신의 볼을 다시 친다.

골프규칙

자신의 볼이 아닌 「잘못된 볼」을 치면 2벌타가 주어집니다. 이 경우 잘못된 볼을 친 타수는 계산에 넣지 않고 자신의 볼을 다시 쳐야하며, 잘못된 볼은 원래 있던 곳에 리플레이스 해야 합니다. 플레이어가 친 동반자의 볼을 곧 회수할 수 없는 경우 새로운 볼을 꺼내 리플레이스 한 후 플레이 하면 됩니다. (규칙6-3c)

일반구역 ■ General Area

동반경기자의 볼이 방해가 되어 칠 수 없다!

자신의 볼 바로 앞에 동반경기자의 볼이 있어 그 상태로 치면 2개의 볼을 칠 것 같다.

 **벌타** | 다른 볼에 마크하고 볼을 집어 올린 후 친다.

골프규칙

다른 볼이 자신의 플레이에 방해가 될 경우에는 그 볼을 집어 올리게 할 수 있습니다. 볼을 집어 올릴 사람은 볼 바로 뒤에 마크한 후(마크가 방해가 될 경우는 옆으로 비켜서 한다) 집어 올리고, 다 치고 나면 원래 위치에 리플레이스하여야 합니다. 이 때 집어 올린 볼은 닦아서는 안되며(위반시: 1벌타) 마크하지 않고 집어올리거나 다른 플레이어가 볼을 집어 올려달라고 요구하지도 않았는데 그 플레이어가 자신의 볼을 집어올린 경우에도 1벌타를 받습니다. (규칙15-3b)

General Area ▪ 일반구역

드롭 후에 분실구가 발견되었다!

상황

여기볼이...

3분간 볼을 찾지 못해 분실구로 처리하고 먼저 위치로 돌아가 드롭했는데, 그 후에 캐디가 처음에 친 볼을 발견했다.

 **벌타** | 드롭한 볼로 플레이 계속

골프규칙

플레이어의 인플레이볼을 코스에서 집어 올렸거나 그 볼이 분실되었거나 OB로 간 경우 그 볼은 더 이상 인플레이볼이 아니다. 3분이 지나 찾은 볼은 분실구이다. 더 이상 인플레이볼이 아니기 때문에 드롭한 볼로 플레이를 계속하여야 합니다. 볼을 2분간 찾다가 찾는 것을 포기하고 원위치에 돌아와 드롭하였는데 볼 찾는 시간 3분이 경과되지 않았더라도 2분 안에 찾은 볼은 분실구로 처리되어 드롭한 볼로 플레이하여야 합니다. 단, 티잉구역에서 티업은 했지만 스트로크 하지 않은 경우 3분 안에 볼을 찾은 경우 찾은 볼로 플레이 할 수 있습니다. (규칙14-4)

일반구역 ▪ General Area

드롭을 다시 했는데 볼이 또 굴러가 버린다!

급경사면에 드롭한 볼이 멈추지 않고 굴러가 재드롭했는데 또 멈추지 않고 두 클럽 길이 이상 굴러갔다.

 **벌타** | 재드롭 시 지면에 떨어진 지점에 가져다 놓는다.

골프규칙

드롭구역에 떨어진 후 구역 밖으로 굴러나간 경우 반드시 재드롭하여야 한다. 재드롭을 했는데도 다시 구역 밖으로 굴러 나가면 재드롭 시 떨어진 자리에 플레이스 하여야 합니다. (규칙14-3c)

※참고 ① 드롭구역에 떨어진 후 드롭구역 밖으로 나간 볼을 치면 2벌타를 받습니다.
② 재드롭시 떨어진 자리에 플레이스 하는데 볼이 멈추지 않을 경우 멈춰 있을 수 있는 가장 가까운 지점에 플레이스 하면 됩니다.

General Area • 일반구역

드롭하기 전에 지면을 고르게 했다!

규칙에 따라 집어 올린 볼을 드롭하기 전에 볼이 떨어질 장소를 발로 문질러 평탄하게 다듬었다.

2벌타 | 그대로 드롭

골프규칙

볼이 라이 개선이나 스윙구역 개선과 마찬가지로 볼을 드롭하거나 리플레이스하는 장소의 개선도 금지되어 있습니다. 이 경우도 발로 지면을 밟아 평탄하게 한 것이므로 2벌타가 됩니다. 드롭한 볼은 그대로 플레이를 계속합니다. (규칙8-1)

일반구역 ■ General Area

드롭한 볼이 멀리 굴러갔다!

급경사면에 드롭한 볼이 멈추지 않고 아래 페어웨이까지 굴러갔다.

 벌타 | 한 번 더 드롭한다.

골프규칙

    드롭은 반드시 플레이어 자신이 하여야 하며, 무릎 높이에서 볼을 드롭하여야 합니다. 드롭한 볼이 드롭구역 밖으로 굴러나간 경우 굴러간 거리에 상관없이 반드시 재드롭하여야 합니다. 재드롭 시에도 구제구역 밖으로 나간 경우 재드롭 시 떨어진 자리에 플레이스 하면 됩니다. 이때 볼이 멈추지 않을 경우 그 자리에서 가장 가까운 지점(볼이 멈출 수 있는 자리)에 플레이스 하면 됩니다. (규칙14-3c)

General Area ▪ 일반구역

드롭한 볼이 발에 맞았다!

상황

언플레이어블을 선언하고 급경사면에 규정대로 드롭한 볼이 지면에 닿은 후 굴러서 자신의 발에 맞았다.

 벌타 | 드롭구역에 정지했다면 벌 없이 그대로 친다.

골프규칙

올바른 방법으로 드롭한 볼이 구제 지역의 지면에 닿은 후 정지하기 전에 사람, 장비, 외부의 영향을 맞히든 맞히지 않든 그 볼이 구제 지역에 멈춘 경우 벌 없이 그대로 플레이 하여야 합니다. 구제 지역 밖으로 나가 정지한 경우 반드시 두 번째 드롭을 하여야 합니다. **(규칙14-3c)**

※ **참고** : 드롭한 볼이 지면에 닿기전 플레이어나 그 밖의 외부의 영향에 맞으면 다시 드롭하여야 하며 이는 재드롭 횟수에 포함되지 않습니다. **(규칙14-3c)**

일반구역 ▪ General Area

드롭한 볼이 벙커에 떨어졌다!

규정대로 벙커 밖에서 드롭한 볼이 데굴데굴 굴러 벙커 속으로 떨어졌다.

 벌타 | 한 번 더 드롭한다.

골프규칙

올바른 방법으로 드롭한 볼이 구제구역 밖으로 굴러나간 경우 반드시 다시 드롭하지 않으면 안됩니다. 두 번째 드롭도 구제구역 밖으로 굴러 벙커에 정지하면 두 번째 떨어진 지점에 플레이스하여 완전한 구제를 받아야 합니다. **(규칙14-3c)**

※ 구제구역이 일반구역이면 드롭한 볼이 반드시 일반구역에 멈추어야 하므로 드롭한 볼이 벙커로 들어간 경우 다시 드롭하여야 합니다.

General Area ▪ 일반구역

드롭한 볼이 OB구역으로 들어갔다!

상황

올바른 방법으로 코스 옆의 경사면에 드롭한 볼이 OB구역 내로 굴러들어갔다.

 벌타 | 한 번 더 드롭한다.

골프규칙

　드롭한 볼이 구제지점을 벗어난 경우 OB로 굴러들어갔든 아니든 반드시 다시 드롭하여 구제지점 안에 드롭한 볼이 정지하여야 합니다. 한 번 더 드롭한 후 또 다시 OB로 굴러들어간 경우 두 번째 드롭할 때 떨어진 지점에 벌 없이 플레이스하면 됩니다. **(규칙14-3c)**

※ 지면에 드롭하거나 리플레이스한 볼이 정지했다가 스트로크 하기 전에 다른 코스 구역이나 OB로 굴러들어갈 경우 벌 없이 멈춘 자리에 리플레이스하면 됩니다. (2023년 개정규칙) (규칙 9-3)

일반구역 ■ General Area

러프(rough)에서 스트로크 중에 볼을 2번 쳤다!

깊은 러프에 있는 볼을 쳤더니 볼 아래로 클럽이 들어가 휙 올라온 볼에 또 한 번 클럽이 닿았다.

 **벌타** | 볼이 멈춘 지점에서 다음 샷을

골프규칙

한 번의 스트로크 중에 우연히 클럽에 볼이 2회 이상 맞은 경우에는 벌이 없습니다. 이 경우 볼이 멈춘 곳에서 다음 플레이를 합니다. 또한 퍼팅 스트로크에서도 단 한 번의 우연한 스트로크일 경우 마찬가지로 벌은 없고, 그 볼이 멈춘 곳에서 플레이 하면 됩니다. 이 경우 고의로 한 스트로크로 두번 이상 플레이하면 안됩니다. **(2벌타. 규칙 10-1d)(규칙10-1a)**

General Area • 일반구역

러프의 볼을 페어웨이로 드롭했다!

상황

러프에 멈춘 볼을 움직일 수 없는 장해물 구제를 받아 규정대로 드롭했는데 그곳이 페어웨이였다.

 벌타 | 그대로 플레이 계속

골프규칙

그 드롭이 규정에서 정한 구제구역 내에 올바르게 드롭한 이상 그 위치가 페어웨이든 러프든 관계없습니다. 규칙상 페어웨이든 러프든 구별 없이 양쪽 모두 일반구역입니다. (규칙14-3c)

일반구역 ▪ General Area

리플레이스 해야 하는데 드롭해서 쳤다!

동반경기자에 의해 움직여진 볼은 원위치로 가져가야 하는데 착각하여 드롭하여 쳤다.

 벌타 | 볼이 멈춘 지점에서 다음 샷을

골프규칙

리플레이스 해야 하는 볼을 드롭 한 경우 드롭한 볼이 리플레이스 해야 할 지점에 멈춘 경우 그 볼을 쳤다면 1벌타를 받아야하고 드롭한 볼이 리플레이스 해야 할 지점이 아닌 곳에 정지한 볼을 쳤다면 2벌타를 받습니다. 만약 드롭 후 아직 치기 전에 잘못을 깨달았을 경우에는 시정하여 다시 리플레이스하면 벌을 받지 않습니다. **(해석 14-2b(2)/1)**

General Area ▪ 일반구역

마크하지 않고 볼을 집어 올렸다!

아차! 마크

흙투성이 볼을 자신의 볼인지 확인하기 위해 집어 올렸는데, 그 때 실수로 마크하는 것을 깜박했다.

 **벌타** | 원래 위치로 리플레이스

골프규칙

집어올린 볼을 원래의 지점에 리플레이스 해야 될 경우에는 집어올릴 때 반드시 마크(mark)해야 합니다. 이를 위반하면 1벌타가 주어지며 볼은 원래 위치에 놓으면 됩니다. (규칙14-1a)

※ 참고 : 마크하고 집어올린 볼을 리플레이스 한 후 마크를 제거하지 않고 플레이할 경우에도 1벌타를 받습니다.

일반구역 ▪ General Area

백스윙으로 가지가 꺾였지만 그대로 쳤다!

상황

나무 아래에서 백스윙을 했는데, 위에 뻗어 나온 나뭇가지에 클럽이 부딪쳐 가지를 꺾었지만 그대로 볼을 쳤다.

 벌타 | 그대로 플레이 계속

골프규칙

나뭇가지 등의 생물을 꺾는 것은 금지되어 있지만, 테이크백(takeback)에서 피니쉬(finish)까지의 볼을 치는 정상적인 과정에서 클럽에 맞아 부러진 경우는 스트로크에 영향을 미치는 상태를 개선하더라도 벌타는 주어지지 않습니다. 단, 백스윙 중에 부러뜨리고 도중에 스윙을 멈추면 2벌타가 됩니다. **(규칙8-1b)**

번호와 상표가 같은 볼이 2개 있다!

상황

근접해 있는 자신과 동반경기자의 볼이 상표와 번호가 완전히 같아 어느 쪽이 자신의 볼인지 알 수 없었다.

1벌타 | 분실구로서 먼저 위치로 돌아가 다음 샷을

골프규칙

두 사람의 볼이 구별 불가능한 경우에는 두 사람 모두 분실구로 처리합니다. 따라서 양쪽 모두 1벌타를 받고 각각 앞서 쳤던 위치로 돌아가 다음 플레이를 합니다. 이런 경우에 벌타를 받지 않으려면 반드시 자신의 볼에 표시를 해두는 것이 좋습니다. (**규칙6-3a, 7-2**)

일반구역 ▪ General Area

벙커 옆의 고무래가 방해가 되어 칠 수 없다!

상황

벙커 옆의 러프에 멈춘 볼이 그 자리에 있던 고무래에 붙어 있어 그 상태로는 칠 수 없다.

 벌타 | 움직일 수 있는 장해물로서 구제를 받는다.

골프규칙

고무래, 빈깡통, 병, 종이컵, 휴지 등은 모두 움직일 수 있는 장해물로 벌 없이 제거할 수 있습니다. 또한 제거 시 볼이 움직였을 경우에는 벌 없이 움직인 볼을 제자리에 리플레이스 합니다. **(규칙15-2a)**

General Area ▪ 일반구역

볼 뒤의 풀을 발로 밟았다!

깊은 러프에 들어간 볼을 샷할 때 볼 바로 앞의 풀이 방해가 되어 발로 밟았다.

 **2벌타** | 그대로 플레이 계속

골프규칙

「코스에 있는 그대로 플레이하여야 한다」라는 골프의 원칙에 따라 플레이어가 자신의 다음 스트로크에 영향을 미치는 상태(정지한 볼의 라이개선)를 개선하면 2벌타를 받습니다. 또한 볼 앞의 풀을 손으로 뜯거나 클럽으로 제거해도 당연히 위반이 됩니다. **(규칙8-1)**

일반구역 ▪ General Area

볼 바로 앞의 낙엽을 제거했다!

볼 바로 앞에 떨어진 낙엽이 샷의 방해가 되어 손으로 주워 제거한 후 플레이했다.

 벌타 | 그대로 플레이 계속

골프규칙

떨어져 있는 나뭇가지, 낙엽, 마른풀, 작은 돌, 동물의 변, 벌레 등은 「루즈임페디먼트」라고 하여 코스 안팎 어디에서나 벌 없이 치울 수 있습니다. (규칙15-1a)

그러나 루즈임페디먼트를 제거하다가 볼을 움직인 경우 1벌타를 받고 그 볼을 리플레이스 하여야 합니다. (규칙15-1b)

General Area ▪ 일반구역

볼을 끌어당겨서 쳤다!

상황

서로 가까이 자라고 있는 두 그루의 나무 사이로 들어간 볼을, 바로 앞에 서서 다리를 벌리고 클럽으로 끌어 당겨 쳤다.

2 벌타 | 볼이 멈춘 지점에서 다음 샷을

골프규칙

규칙상, 볼을 칠 때에는 「바르게 친다」는 것이 요구되어, 밀어내거나 끌어당기거나 들어 올리는 것은 금지되어 있습니다. 이 경우도 「끌어당겨」쳤기 때문에 위반이 되며 2벌타가 주어집니다. 또한 친 볼은 멈춘 곳에서 다음 플레이를 하게 됩니다. **(규칙10-1a)**

또한 고의로 플레이선이나 그 선의 볼 후방으로 연장선을 가로지르거나 밟고 스탠스를 취한채 스트로크를 해서는 안됩니다. **(규칙10-1c)**

※ 예외 : 플레이어가 우연히 스탠스를 취했거나 다른 플레이어의 플레이선을 밟지 않기 위하여 스탠스를 취한 경우에는 벌이 없습니다.

일반구역 ■ General Area

볼의 표면이 갈라졌다!

토핑(topping)으로 볼이 갈라져 그대로는 제대로 된 플레이가 불가능할 것 같다.

 **벌타** | 확인을 받고 다른 볼을 플레이스

골프규칙

갈라지거나 변형되어 플레이에 적합하지 않게 된 볼은 동반경기자나 마커에게 확인 시켜준 다음(의무사항은 아님) 벌 없이 다른 볼로 교체할 수 있습니다. 볼을 집어 올리기 전에 반드시 마크하고 교체한 볼을 그 위치에 놓습니다. 그러나 단지 긁히거나 흠이 나거나 칠이 벗겨지거나 변색된 것으로는 볼을 교체할 수 없습니다. **(규칙4-2c)**

General Area ▪ **일반구역**

볼이 나무 위에 있다!

나뭇가지에 걸린 볼이 자신의 볼임을 확인할 수는 있지만 그 상태로는 칠 수 없을 것 같다.

 **1벌타** │ 언플레이어블을 선언한다.

골프규칙

자신의 볼임이 확실한 경우 언플레이어블 볼을 선언하고 1벌타 후, 직전의 스트로크를 한 곳에서 드롭하거나 홀과 원래 볼이 있던 지점을 지나는 직후방에 구제기점에 거리제한 없이 드롭하거나 원래의 볼이 있는 바로 아래지점을 기점으로 2클럽이내 측면구제를 받으면 됩니다. 이때 원구를 회수할 수 없는 경우 다른 볼로 구제를 받아도 됩니다. (규칙19-2)

일반구역 ■ General Area

볼이 눈 속으로 들어갔다!

겨울 그라운드 제설을 하면서 쌓아놓은 눈 속으로 볼이 들어가 그대로는 칠 수 없을 것 같다.

 벌타 | 일시적으로 고인물(temporary water) 루즈임페디먼트

골프규칙

눈과 천연얼음은 루즈임페디먼트이며, 지면에 있는 경우에는 플레이어의 선택에 따라 일시적으로 고인물로 간주될 수 있으므로 벌 없이 눈을 치우거나 가장 가까운 완전한 구제지점을 정한 후 드롭 후 플레이하면 됩니다. **(용어의 정의: 일시적으로 고인물, 루즈임페디먼트 (규칙16-1b))**

※ 예외 : 인공얼음은 장해물입니다.

General Area • 일반구역

구제를 받기 위해 볼을 집어 올릴 때 마크를 하지 않았다!

상황

움직일 수 없는 장해물로부터 구제를 받기 위해 볼을 집어 올릴 때 마크를 하지 않았다.

 벌타 | 그대로 진행

골프규칙

올바르게 처리하기 위한 기점으로 마크하는 것은 좋은 방법이지만 마크를 하지 않았다고 벌을 받지는 않습니다. 움직일 수 없는 장해물의 처리는 집어 올린 볼을 드롭하기 때문에 마크를 반드시 하여야 하는 것은 아닙니다. (**규칙 14-1a**) 그러나 구제받기를 포기하고 움직일 수 없는 장해물에서 그대로 플레이하기 위해 원 위치에 놓을 경우 1벌타를 받아야 합니다.

일반구역 ▪ General Area

가장 가까운 완전한 구제기점이 볼을 칠 수 없는 곳에 있다!

상황

카트 도로로부터 구제를 받기 위해 구제 기점을 정하였으나 그 장소는 심한 경사지라 설 수 없는 곳이다. 플레이할 수 있는 곳으로 구제 기점을 다시 잡을 수 있는가?

 **1벌타** | 언플레이어블 볼 선언

골프규칙

일단 정한 가장 가까운 완전한 구제기점이 불만족한 장소라 하더라도 다른 장소에 구제기점을 다시 정하는 것은 허용되지 않습니다. 가장 가까운 완전한 구제기점을 정하고 볼을 드롭한 후에 플레이 할 수 없다면 "언플레이어블 볼"로 처리 할 수밖에 없습니다. **(규칙19-1)**

General Area ▪ 일반구역

볼이나 스탠스가 도로 위에 있다!

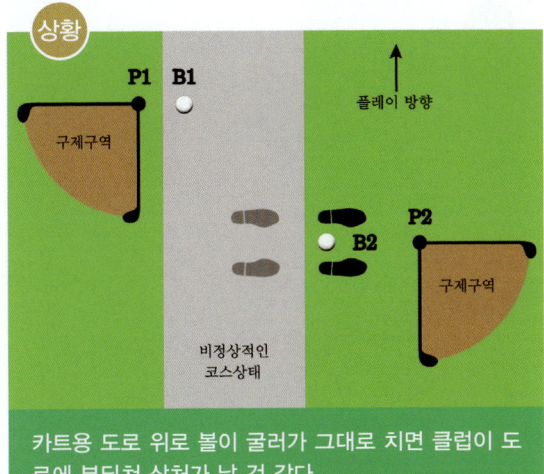

카트용 도로 위로 볼이 굴러가 그대로 치면 클럽이 도로에 부딪쳐 상처가 날 것 같다.

 벌타 | 움직일 수 없는 장해물로서 구제를 받는다.

골프규칙

도로 위에 볼이 있거나, 스탠스가 도로에 걸리면 움직일 수 없는 장해물로서 구제를 받아 플레이어는 벌 없이 볼을 집어 올려 방해를 받지 않는 지점에 드롭할 수 있습니다. 구제방법은 ①도로를 벗어나 일반구역에 있는 가장 가까운 완전한 구제지점을 기준점으로 정한다. (홀에 가깝지 않게) ②기준점으로부터 한 클럽이내 구역에 드롭한다. (규칙16-1)

일반구역 ■ General Area

볼이 두더지집 속으로 들어갔다!

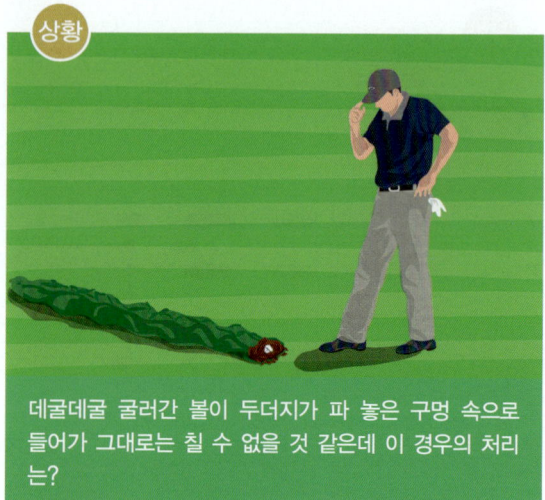

데굴데굴 굴러간 볼이 두더지가 파 놓은 구멍 속으로 들어가 그대로는 칠 수 없을 것 같은데 이 경우의 처리는?

 벌타 | 동물이 판 구멍에 대한 구제를 받는다.

골프규칙

동물이 판 구멍이나, 구멍을 뚫을 때 나온 흙더미 등의 방출물, 또는 이들 동물이 다니는 길에 볼이 있는 경우에는 비정상적인 코스상태 규정에 의해 벌타 없이 구제를 받을 수 있습니다. (규칙16-1)

General Area ▪ 일반구역

 # 볼이 땅에 박혔다!

친 볼이 높이 솟아 부드러운 지면으로 떨어져 페어웨이 흙에 깊이 박혔다.

 벌타 | 벌 없이 드롭

골프규칙

볼이 일반구역 이외의 곳(페널티구역, 벙커)에 박힌 것이 아니라면 벌 없이 구제를 받을 수 있습니다. 볼이 박힌 바로 뒤의 지점에서 한 클럽이내 구제지점을 설정한 후, 드롭하면 됩니다. 그러나 구제를 받고 규칙에 따라 드롭한 볼이 박힌 경우와 볼이 전혀 공중으로 뜨지 않고 곧장 지면에 박힌 경우에는 구제를 받지 못합니다.
(규칙16-3a, 3b)

일반구역 ■ General Area

볼이 물웅덩이 속으로 들어갔다!

볼이 페어웨이의 물웅덩이로 들어가 그 상태로는 만족스러운 샷이 불가능할 것 같다.

 **벌타** | 일시적으로 고인물(temporary water)로서 구제를 받는다.

골프규칙

코스 상에 플레이어가 스탠스를 잡기 전 또는 스탠스를 취한 후에 생긴 물웅덩이는 「일시적으로 고인물」이라고 하며, 볼이나 스탠스가 일시적으로 고인물로부터 방해를 받는 경우에는 벌 없이 구제 받을 수 있습니다.
(규칙16-1b)

General Area ▪ 일반구역

볼이 배수구 속으로 들어갔다!

볼이 페널티구역이 아닌 배수구(U자형) 속으로 떨어졌다. 이 경우 어떻게 처리하면 좋을까?

 벌타 | 움직일 수 없는 장해물로서 구제를 받는다.

골프규칙

페널티구역 밖에 있는 배수구는 움직일 수 없는 장해물이므로 벌 없이 구제를 받을 수 있습니다. 또한 배수구 뚜껑 위로 볼이 굴러갔을 때에도 마찬가지로 구제받을 수 있습니다. (규칙16-1a)

일반구역 ■ General Area

볼이 연못에 들어간 것 같다!

상황

도그렉(dog leg)으로 휘어 잘 보이지 않았는데 작은 연못가로 날아간 볼을 아무리 찾아도 보이지 않는다. 아무래도 연못에 들어간 것 같다.

 **벌타** | 분실구로서 먼저 위치로 돌아가 다음 샷을

골프규칙

볼이 연못으로 날아간 것을 확실히 확인되지 않은 경우에는 연못 속에서 자신의 볼을 발견하지 않는 한 페널티구역으로 들어간 것은 아니어서 분실구가 됩니다. 따라서 1벌타를 받고 앞서 쳤던 위치로 돌아가 다음 플레이를 합니다. (규칙18-2)

General Area • 일반구역

볼이 정확히 두 조각났다!

샷한 볼이 공중에서 정확하게 2개로 갈라져 코스 위의 다른 장소로 각각 떨어졌다. 이 경우 어느 위치에서 다음 플레이를 해야 하는가?

 **벌타** | 앞서 쳤던 지점에서 다른 볼로 다시 샷

골프규칙

볼이 2개로 갈라졌을 때에는 벌 없이 앞서 쳤던 지점으로 돌아가 다른 볼을 드롭(티잉구역에서는 티업도 가능)하여 다시 칩니다. 이 경우 볼을 쪼갠 샷의 스트로크는 계산에 넣지 않습니다. **(규칙4-2b)**

일반구역 ▪ General Area

볼이 주행 중인 트럭으로 날아들어 갔다!

상황

코스 내 도로를 달리는 트럭 짐칸으로 볼이 날아들어 갔는데 트럭은 이를 모른 채 가버렸다.

 **벌타** | 날아든 지점에 드롭

골프규칙

스트로크한 볼이 움직이고 있는 자동차 등과 같은 것이 우연히 가져가버린 경우에는, 그 볼의 방향이 바뀌거나 그 볼이 정지하였을 것으로 추정되는 지점에 기준점을 정한 후 그 기준점으로부터 한 클럽 이내에 드롭하면 됩니다. (**규칙11-2c**)

General Area ▪ 일반구역

파3홀에서 티샷한 볼이 분실되었다고 생각했는데 홀인원(hole in one)이었다!

상황

파3에서 티샷한 볼을 찾지 못해서 분실구라고 생각하고 티로 돌아와 다시 친 후에 보니 파3홀 그린에서 볼이 홀 안에 들어있었다.

 벌타 │ 처음 친 볼로 홀인원

골프규칙

골프는 하나의 볼을 티잉구역에서 쳐서, 하나 또는 연속적인 스트로크로 홀에 넣음으로써 성립하는 게임입니다. 따라서 처음에 친 볼이 홀에 들어간 시점에 그 홀의 플레이가 끝난 것이므로 분실구라고 생각하여 친 스트로크는 계산하지 않습니다. **(규칙6-5)**

일반구역 ■ General Area

샷에 방해가 되는
나뭇가지를 꺾었다!

볼 위쪽에 뻗어 나온 나뭇가지가 스윙에 방해가 되어 손으로 꺾어낸 후 플레이했다.

 **2 벌타** | 그대로 플레이 계속

골프규칙

나뭇가지를 꺾거나 자르면 플레이어의 의도된 스윙 구역 개선이 되어 2벌타입니다. 코스 상의 고정물이나 생물을 꺾거나, 구부리거나, 움직여서는 안 됩니다. 단, 볼을 칠 때 클럽이 부딪쳐 나뭇가지가 꺾인 경우 벌은 없습니다. **(규칙8-1a)**

General Area · 일반구역

 # 수건을 깔고 그 위에 무릎을 꿇고 스트로크 하였다!

상황

낮은 나뭇가지 아래로 들어간 볼을 치기 위해 바지가 더러워지지 않도록 수건을 깔고 그 위에 무릎을 꿇고 쳤다.

 **2** 벌타 | 그대로 플레이 계속

골프규칙

규칙에서 플레이어는 땅을 파거나, 돌을 쌓아서 스탠스 자리를 만드는 일은 금지되어 있습니다. 이 경우는 수건을 깐 것이지만 이것도 마찬가지로 플레이어의 스탠스 구역을 개선한 것이 되어 2벌타를 받습니다. **(규칙8-1a) (해설8-1a/5)**

일반구역 ▪ General Area

수리지(ground under repair) 안에서 볼을 찾던 도중 실수로 발로 찼다!

상황

수리지(修理地) 안으로 들어간 자신의 볼을 찾던 중 실수로 자신의 볼을 발로 찼다.

 벌타 | 수리지 구제를 받지 않는 경우에는 원래 위치로

골프규칙

라운드 중 볼을 찾는 과정이나 확인하는 과정에서 플레이어나 상대방 또는 다른 누군가에 의해 볼이 우연히 움직인 경우에는 벌이 없습니다. 이 경우 수리지 구제를 받을 수 있는데 만약 구제를 받지 않고 수리지 안에서 그대로 치고자 할 경우에는 원래 있던 위치에 리플레이스 해야 합니다. (규칙7-4)

General Area • 일반구역

수리지에 스탠스가 걸린다!

볼이 수리지 밖에 있지만 스탠스가 수리지 안으로 들어가 만족스럽게 스탠스를 잡지 못한다.

 벌타 | 수리지 구제를 받는다.

골프규칙

수리지나 일시적으로 고인물 규정에서는 볼이 그 속에 있는 경우뿐 아니라 그것이 플레이어의 스탠스나 스윙을 방해하는 경우에도 구제를 받을 수 있게 되어 있습니다. 따라서 이 경우도 무벌로 구제를 받을 수 있습니다.
(규칙16-1b)

일반구역 ■ General Area

수색 중에 다른 사람의 볼을 주웠다!

상황

자신의 볼을 찾던 중에 발견한 다른 볼을 누군가의 로스트볼(lost ball)이라고 생각하여 주웠는데, 실은 그것이 동반경기자의 볼이었다.

 벌타 | 원래 위치에 리플레이스

골프규칙

볼을 찾던 중 동반경기자의 볼이나 자신의 볼을 움직여도 무벌타인데, 이 경우도 이 규칙이 적용됩니다. 그러나 만약 주운 볼이 다른 조 사람의 볼이었다면 그 사람이 분실구가 되므로 볼을 함부로 줍지 않도록 합니다. (규칙7-4)

General Area ▪ 일반구역

수색 중에 동반경기자의 볼을 발로 찼다!

동반경기자의 볼을 깊은 러프에서 찾던 중 실수로 그 사람의 볼을 발로 찼다.

 벌타 | 원래 위치에 리플레이스

골프규칙

자신 또는 자신의 캐디나 휴대품이 실수로 동반경기자의 볼을 움직이게 하여도 벌타는 없습니다. 움직여진 볼의 주인은 그 볼을 원래 있던 위치에 리플레이스 하고 다음 샷을 해야 합니다. (규칙7-4)

일반구역 ▪ General Area

수색 중에 자신의 볼을 발로 찼다!

상황

깊은 러프로 날아간 자신의 볼을 찾던 중 실수로 자신의 볼을 발로 찼다.

 벌타 | 원래 위치에 리플레이스

골프규칙

플레이어와 그의 캐디, 휴대품이 자신의 볼을 우연히 움직이게 했을 때에는 벌이 없습니다. 규칙에서는 고의로 건드리거나 움직이게 한 경우에는 1벌타가 되며, 볼을 원래 위치에 리플레이스 하여야 합니다. 만약 리플레이스 하지 않고 치면 2벌타가 됩니다. (규칙7-4, 9-4b)

# General Area ▪ 일반구역

스윙 개시 후에 움직인 볼을 쳤다!

상황

백스윙을 시작한 후에 바람 때문에 볼이 조금 움직였지만 스윙을 멈출 수 없어 그대로 쳤다.

 벌타 | 볼이 멈춘 지점에서 다음 샷을, 볼을 집어올려 다시 티업해도 된다.

골프규칙

티에 올려놓은 볼에 스트로크 하기전에 그 볼이 티에서 저절로 떨어지거나 플레이어가 연습스윙이나 왜글을 하다가 떨어지게 한 경우 벌 없이 다시 티업할 수 있습니다. 그러나 떨어지거나 떨어진 볼을 스트로크했을 경우에도 페널티는 없지만 그 스트로크는 타수에 포함됩니다. (규칙9-1b)

일반구역 — General Area

페어웨이에 있는 볼을 치기 위해 스윙 연습을 할 때 볼이 움직였다!

볼 가까이에서 스윙 연습을 할 때 클럽헤드가 가볍게 볼을 스쳐 데구르르 굴렀다.

벌타 | **원래 위치로 리플레이스**

골프규칙

스윙 연습을 할 생각으로 클럽을 휘둘렀기 때문에 이것은 스트로크가 되지 않습니다. 이 경우에는 인플레이 볼을 움직인 벌로 1벌타가 주어집니다. 움직인 볼은 원래 있던 위치에 리플레이스 하고 플레이를 계속합니다. **(규칙9-4b)**

※ 티잉구역과 퍼팅그린에서 연습스윙이나 왜글을 하던 중 볼을 움직이게 한 경우에는 벌이 없고 움직인 볼을 원위치하면 됩니다. (규칙13-1d)

General Area • 일반구역

 ## 스탠스(stance) 자리를 만들어 쳤다!

상황

급경사면에 멈춘 볼을 치기 위해 단단히 스탠스를 잡을 수 있도록 땅을 수평으로 파서 발판을 만들어 쳤다.

 **2 벌타** | 그대로 플레이 계속

골프규칙

견고하게 스탠스를 취하기 위해 모래나 흙을 발로 비비듯이 서는 행위는 규칙에서 허용되지만, 지면을 파거나, 돌과 블록을 쌓아올려 발판을 만드는 것은 금지되어 있습니다. 이를 위반하면 2벌타가 주어집니다. 친 볼로 그대로 플레이를 계속합니다. **(규칙8-1a) (해설8-1a/6)**

일반구역 • General Area

쓰러진 나무가 방해가 되어 칠 수 없다!

바람으로 쓰러진 커다란 나무 밑으로 볼이 들어갔는데 그대로 칠 수도 없고 나무가 무거워 도저히 움직일 수도 없을 것 같다.

 벌타 | 수리지 구제를 받는다.

골프규칙

쓰러진 나무는 낙엽 등과 같이 루즈임페디먼트(뿌리가 지면에 달라붙어있지 않는다면)로서 제거할 수 있지만, 너무 무거워 움직이지 못하는 경우에는 위원회의 판단에 따라 벌 없이 「수리지」로서의 구제 규칙이 적용될 수 있습니다. (규칙15-1a)(규칙16-1a)

General Area ▪ 일반구역

스탠스 한 후 클럽을 볼 뒤에 놓았더니 볼이 움직였다!

상황

볼 바로 앞의 지면에 클럽을 대고 스탠스를 했더니 닿지도 않았는데 볼이 움직였다.

 **벌타** | 새로운 위치에서 플레이
1벌타 후 원위치에서 리플레이스

골프규칙

정지한 볼이 움직인 경우 반드시 그 볼을 움직이게 한 원인이 자연의 힘(바람이나 물) 때문인지 플레이어의 행동 때문인지 판단하여야 합니다. 플레이어가 볼을 움직이게 하였다고 알고있거나 사실상 확실하지 않는 경우 그 볼은 자연의 힘에 의해 움직인 것입니다. 즉 플레이어가 볼을 움직이게 하지 안 했기 때문에 벌은 없습니다. **(규칙9-2b)** 그러나 볼 뒤에 클럽을 놓는 행위로 인해 볼이 움직인 경우 1벌타 후 리플레이스 한 후 플레이하여야 합니다. **(규칙9-4a)**

일반구역 ■ General Area

스탠스 했더니 볼이 흔들렸다!

스탠스를 하니 클럽페이스가 가볍게 볼에 부딪쳐 볼이 구르지는 않았지만 흔들렸다.

 벌타 │ 그대로 플레이 계속

골프규칙

플레이어가 볼을 건드려 볼이 움직인 경우 1벌타이지만, 흔들리기만 하고 위치변화가 없으면 움직인 것이 아니므로 무벌타입니다. **(용어의 정의: 움직이다)**

※ 움직이다(Moved) : 정지하였던 볼이 원래의 지점을 벗어나 다른 지점에 정지한 것을 말하며 위아래로 움직인 것도 움직인 볼이다.

General Area ▪ 일반구역

완전히 떨어져 있지 않은 잔디를 제거했다!

상황

디봇(devot)자국에 멈춘 볼 앞에 아직 일부가 남아있는 잔디가 있어서 루즈임페디먼트로서 제거했다.

 **2 벌타** | 그대로 플레이 계속

골프규칙

잔디와 지면이 조금이라도 연결된 상태에서는 이것을 루즈임페디먼트로 보지 않기 때문에 제거할 수 없습니다. 볼을 치기 전에 이 잔디를 디봇자국 있는 곳으로 되돌리거나 잘라내면 스트로크에 영향을 미치는 상태를 개선하는 행동으로 2벌타가 됩니다. **(규칙8-1a)**

일반구역 ■ General Area

움직이고 있는 2개의 볼이 부딪쳤다!

동반경기자의 볼이 멈추지 않았는데 자신의 볼을 쳐서 두 사람의 볼이 구르면서 부딪쳤다.

 벌타 | 양쪽 그대로 플레이 계속

골프규칙

움직이고 있는 2개의 볼이 부딪친 경우에는 양쪽 모두 무벌타로, 각각의 볼이 멈춘 지점에서 다음 플레이를 계속합니다. 그러나 스트로크 플레이에서 퍼팅그린에서 볼을 플레이한 경우 퍼팅그린에 있는 정지한 다른 볼을 맞힌 경우에는 2벌타를 받습니다. **(규칙11-1a예외)**

General Area ▪ 일반구역

 # 자신의 볼인지 확인할 수 없다!

러프에서 같은 상표의 볼을 2개 발견했는데, 볼의 번호를 외워두지 않아서 어느 쪽이 자신의 볼인지 확인할 수 없었다.

 **1벌타** | 분실구로서 먼저 위치로 되돌아가 다음 샷을

골프규칙

자신의 볼이라고 확인하지 못하는 경우에는 2개 중 하나가 자신의 볼이었다 해도 규칙상으로는 분실구가 됩니다. 따라서 1벌타를 받고 앞서 쳤던 위치로 돌아가 다음 플레이를 합니다. 또한 그곳이 티잉구역이라면 다시 티업할 수 있습니다. (규칙7-2) (규칙18-2a)

이런 경우를 방지하기 위해 자신의 볼에 반드시 표시할 것을 권장합니다. (규칙6-3a, 7-2)

일반구역 • General Area

자신의 캐디가 볼을 찼다!

깊은 러프에서 볼을 찾던 중 자신의 캐디가 실수로 볼을 차 버렸다.

 벌타 | 원래 위치에 리플레이스

골프규칙

볼을 찾거나 확인하는 과정에서 플레이어나 상대방 또는 다른 누군가에 의해 볼이 움직인 경우 벌타가 없습니다. 움직인 볼은 원래 있던 위치에 리플레이스 하고 다음 플레이를 계속합니다. **(규칙7-4)**

General Area ▪ 일반구역

자신의 캐디에 맞은 볼이 OB로!

상황

친 볼이 자신의 캐디에 맞고 방향이 바뀌어 운 나쁘게 OB구역 안으로 들어갔다.

1 벌타 | 먼저 위치로 되돌아와 다음 샷을

골프규칙

플레이어의 볼이 외부의 영향에 의해 OB가 되었거나 다른 플레이어, 플레이어의 캐디들, 장비를 맞힌 경우 누구에게도 페널티가 없습니다. OB에 대한 1벌타만 받고 앞서 스트로크한 위치로 되돌아와 다음 플레이를 하면 됩니다. **(규칙11-1a, 18-2b)**

일반구역 ▪ General Area

자신이 친 프로비저널볼의 순서를 모른다!

상황

"헷갈려…"

같은 곳에서 프로비저널볼을 2개 쳤는데, 처음 볼은 OB이고 2개의 프로비저널볼은 세이프, 그러나 어느 쪽이 먼저 친 프로비저널볼인지 알 수 없었다.

3 벌타 | 세이프된 2개의 프로비저널볼 중 하나를 선택하여 다음 샷을

골프규칙

이 경우 원구1타 + OB 1타 + 프로비저널볼 1타 + 분실구 1타 + 프로비저널볼 1타(인플레이볼) 합계 5타 친 것이 되며, 다음 스트로크는 6타째가 됩니다.
(규칙18-3c(2))

General Area ▪ 일반구역

작업용 차에 맞은 볼이 OB로!

스트로크한 볼이 코스 옆에 주차되어 있던 작업용 트럭에 맞고 튕겨져 나와 OB구역으로 들어갔다.

 **벌타** | 전 위치로 되돌아와 다음 샷을

골프규칙

규칙상, 작업용 차는 외부의 영향이므로 그것에 볼이 맞아 방향이 바뀌어 OB구역으로 들어갔다 해도, OB에 대한 벌타를 면할 수 없습니다. 따라서 1벌타를 받고 샷을 했던 지점으로 돌아가 다음 플레이를 합니다.
(규칙11-1a) (규칙18-2b)

일반구역 ▪ General Area

프로비저널볼을 친 후에 보니 훨씬 앞에 볼이!

티샷한 볼이 있을 것으로 생각되는 지점에서 찾았지만 없어서 프로비저널볼을 쳤는데 그것보다 훨씬 앞쪽에서 원구를 발견했다.

벌타 2 | **원구는 잘못된 볼이 되고 프로비저널볼로 플레이 계속**

골프규칙

처음에 친 볼이 있을 것으로 생각되는 지점보다 홀에 가까운 프로비저널볼을 플레이하면, 처음에 친 볼이 실제로는 홀에 훨씬 가까운 곳에서 발견되어도 그 볼은 잘못된 볼이 됩니다. 따라서 프로비저널볼이 인플레이 볼이 되며, 다음은 5타째가 됩니다. **(규칙18-3c)**

General Area ▪ 일반구역

철망 반대쪽으로 드롭하여 쳤다!

상황

페어웨이에서 볼 때 철망 뒤쪽에 볼이 있어 움직일 수 없는 장해물 구제를 받아 페어웨이쪽으로 드롭하여 쳤다.

 **벌타** | 그대로 플레이 계속

골프규칙

드롭한 장소가 그 장해를 피하는 가장 가까운 완전한 구제지점(nearest point of complete relief)으로부터 한 클럽 길이 이내로, 홀에 가깝지 않은 곳이라면 문제는 없습니다. 구제구역의 크기를 정할 때 장해물 위를 넘거나, 안이나 아래를 통과해 측정할 수 있습니다. **(용어의 정의: 구제구역)**

일반구역 ■ General Area

철망에 볼이 끼었다!

코스를 구분 짓는 철망에 볼이 끼어서 그대로는 도저히 칠 수 없다.

 벌타 | 움직일 수 없는 장해물
언플레이어블 볼

골프규칙

코스 내에 있는 철망은 인공물로, 움직일 수 없는 장해물이므로 페널티구역 내에 있는 경우를 제외하고 벌 없이 구제를 받을 수 있습니다. 철망에 있는 볼의 수직 아래에 볼이 있다 가정하고 그 곳으로부터 홀에 가깝지 않고 철망을 피해 기준점을 잡고 1클럽이내 구제구역을 설정한 후 드롭하면 됩니다. 그러나 OB임을 규정하는 철망인 경우 벌없는 구제가 안되므로 언플레이어블 볼 구제방법을 적용하여야 합니다. (용어의 정의, 19-1) (규칙16-1a)

General Area · 일반구역

친 볼이 공용 카트에 맞았다!

두 사람의 골프백을 실은 공용카트에 있는 동반경기자의 골프백에 볼이 맞았다.

 벌타 | 그대로 플레이 계속

골프규칙

플레이어의 움직이고 있는 볼이 우연히 사람이나 외부의 영향, 다른 플레이어, 캐디, 장비를 맞힌 경우에도 페널티가 없습니다. **(규칙11-1a)**

일반구역 ■ General Area

친 볼이 동반경기자에 맞았다!

친 볼이 나무에 맞고 방향이 바뀌어 앞에 있던 동반경기자의 발에 맞았다.

 벌타 | 볼이 멈춘 지점에서 다음 샷을

골프규칙

규칙상 동반경기자는 외부의 영향인데 움직이고 있는 볼이 외부의 영향으로 인해 우연히 방향을 바꾸거나 멈추더라도 벌 없이 볼이 멈춘 곳에서 다음 플레이를 계속 하면 됩니다. **(규칙11-1a)**

General Area • 일반구역

친 볼이 동반경기자의 볼에 맞았다!

자신이 친 볼이 앞에 있던 동반경기자의 볼에 부딪쳐 그 볼을 튕겨냈다.

 벌타 | 맞은 볼은 원위치로

골프규칙

퍼팅그린이 아닌 곳에서 친 볼이 다른 플레이어의 볼을 움직이게 한 둘 다 벌이 없습니다. 맞힌 볼은 그대로, 맞은 쪽 볼은 원래 있던 자리에 리플레이스 합니다. 또한 맞은 볼의 원래 위치가 확실하지 않을 때에는 추정하여야 합니다. (규칙9-6, 14-2c)

일반구역 ▪ General Area

친 볼이 자신에게 맞았다!

볼을 쳤는데 앞에 있던 나무에 맞고 튕겨 자신의 몸에 맞았다.

 **벌타** | 볼이 멈춘 지점에서 다음 샷을

골프규칙

자신이 친 볼이 우연히 자신에게 맞은 경우와 자신의 캐디, 휴대품에 맞은 경우에도 벌타가 없습니다. 볼이 멈춘 곳에서 그대로 다음 플레이를 합니다.
(규칙11-1a)

General Area ▪ 일반구역

친 볼이 캐디의 주머니 속으로 들어갔다!

상황

친 볼이 나무에 맞고 크게 튀어 올라 우연히도 자신의 캐디 옷 주머니로 날아 들어갔다.

 벌타 | 날아 들어간 지점에 드롭

골프규칙

친 볼이 자신의 캐디에게 맞아도 벌이 없으므로 주머니로 들어간 볼의 처리가 문제가 됩니다. 이 경우에는 볼이 주머니에 들어갔을 때의 위치 바로 아래에 기준점을 잡고 그 기준점으로부터 한 클럽 길이 이내 구역에 벌 없이 드롭하면 됩니다. 구제구역은 기준점보다 홀에 가깝지 않아야 됩니다. (규칙11-1b)

일반구역 ■ General Area

풀을 헤치고 볼을 확인했다!

깊은 러프에 있던 볼을 그 상태로는 자신의 볼인지 확인할 수 없어 풀을 살짝 구부려 확인했다.

 벌타 | 그대로 플레이 계속

골프규칙

자신의 볼인지 여부를 확인하기 위해 풀을 만지는 것은 확인을 위해 필요한 범위 내에서 하는 최소한의 행동만이 허용됩니다. 단, 풀을 뜯거나, 필요이상으로 풀을 짓누르면 스트로크에 영향을 미치는 상태를 개선하게 되어 2벌타를 받습니다. (규칙7-1a)

General Area • 일반구역

헛스윙 후 제자리로 돌아온 클럽이 볼에 맞아 OB가 되었다!

티샷한 볼을 페어웨이에서 아이언으로 스트로크하다 헛스윙한 클럽을 제자리로 돌리다 헤드가 볼에 닿아 굴러간 볼이 OB 구역 안으로 들어갔다.

1벌타 | 원래 위치에 리플레이스

골프규칙

뒤쪽으로 클럽을 휘두른 것은 볼을 치려는 의사가 없는 스윙이므로 스트로크는 되지 않습니다. 따라서 OB가 되지 않고, 후방으로의 스윙도 계산에 넣지 않습니다. 그러나 인플레이 볼을 움직이게 한 벌로 1벌타가 되며 볼은 원래 위치로 리플레이스 하여야 합니다. (규칙9-2b) (티샷1+헛스윙1+인플레이볼 움직임1) 다음 샷은 4번째 스트로크가 됩니다.

일반구역 ■ General Area

홀에 가까운 프로비저널볼을 먼저 쳤다!

처음 친 볼이 있을 것으로 생각되는 지점보다 홀에 가까운 곳에 있던 프로비저널볼을 한 번 더 치고 나서 처음의 볼을 찾아보니 세이프였다.

 **벌타** | **프로비저널볼로 플레이 계속**

골프규칙

처음에 친 볼이 있을 것으로 생각되는 지점보다 홀로부터 더 멀리 있는 프로비저널볼은, 원구가 있을 것으로 생각되는 곳에 도달할 때 까지 몇 번이라도 플레이할 수 있으나, 홀에 가까운 곳에 있는 프로비저널볼로 플레이하면 최초의 볼은 가령 세이프라 하더라도 잘못된 볼이 되어 원구가 분실된 1벌타가 주어지며 프로비저널볼이 인플레이로 됩니다. (규칙18-3c)

General Area ▪ 일반구역

흙 속에서 몸을 내밀고 있는 지렁이가 방해!

상황

볼에 흙 속에서 고개를 내민 지렁이가 붙어있다. 지렁이의 몸은 절반이 흙 속에 들어 있었다.

 벌타 | 볼에 달라붙어 있는 것은 루즈임페디먼트가 아니다.

골프규칙

　루즈임페디먼트에는 벌레와 곤충, 벌레와 곤충처럼 쉽게 제거할 수 있는 동물, 그런 동물이 만든 흙더미나 거미줄(예: 지렁이 똥이나 개밋둑)이 포함된다. 또한 지렁이는 단단히 박혀 있는 것이 아니므로 루즈임페디먼트가 되어 벌 없이 제거할 수 있습니다. 지렁이가 볼에 달라 붙어 있더라도 볼에 달라 붙어 있는 살아있는 곤충을 루즈임페디먼트로 제거 후 플레이할 수 있습니다. 이때 볼이 움직이지 않도록 유의하여야 합니다. **(용어의 정의: 루즈임페디먼트: 규칙15-1a)**

일반구역 • General Area

흙이 잔뜩 묻어있어 볼의 확인이 불가능하다!

수리지로 굴러 들어갔다가 페어웨이로 나와 멎은 볼이 진 흙투성이가 되어 자신의 번호와 상표를 확인할 수 없다.

NO 벌타 | 원래 위치에 리플레이스

골프규칙

플레이어는 자신의 볼을 확인하기 위해 벌 없이 마크 후 그 볼을 돌려보거나 집어올리 수 있다. 이런 행동은 합리적인 행동으로 동반경기자에게 의사를 이야기 하지 않아도 됩니다. 집어올리기 전 반드시 마크를 하여야 하며 마크하지 않으면 1벌타를 받습니다. 집어올린 볼을 확인하는데 필요한 정도만 닦는 것이 허용되는데 이를 위반해도 1벌타를 받아야 합니다. (규칙7-3, 14-1c)

General Area ▪ 일반구역

흙투성이 볼을 주워서 닦았다!

프린지(fringe) 위에 있던 흙투성이 볼을 그린 위라고 착각하여 주워서 깨끗하게 닦았다.

1 벌타 | **원래 위치에 리플레이스**

골프규칙

그린 이외에 있는 볼은 볼을 닦기 위해 마크하고 집어 올릴 수 없습니다. 이 경우에는 하나의 행동이나 관련된 행동으로 위반시 1벌타가 부과되는 행동들(마크하기, 집어올리기, 닦기, 드롭하기, 리플레이스, 플레이스) 중 두 가지 이상을 위반한 경우에 해당되어 1벌타를 받아야 합니다. 또한 볼은 원래 위치에 리플레이스 하여야 합니다. **(규칙1-3c(4)) 2023.1 개정**

※ 프린지 : 그린에 인접해 있는 가장자리의 짧은 잔디구역

일반구역 ▪ General Area

OB 볼인 줄 모르고 쳤다!

코스 옆에 멈춘 볼을 OB인줄 모르고 쳤는데 동반경기자가 지적하여 알아보니 그곳이 OB구역이었다.

3 벌타 | 먼저 위치로 되돌아와 다음 샷을

골프규칙

OB구역에서 볼을 치면 잘못된 볼에 스트로크를 한 것으로 2벌타가 되어, OB가 된 볼을 친 지점으로 되돌아가 칩니다. OB구역에서 친 잘못된 볼 플레이의 스트로크는 계산에 넣지 않습니다. OB 1벌타+잘못된 볼을 친 2벌타를 합해 3벌타를 받고, OB된 볼을 쳤던 지점으로 돌아가 다음 샷을 해야 합니다. (규칙6-3c, 18-2b)

General Area • **일반구역**

OB말뚝 바깥의 철망이 방해가 되어 볼을 옮겼다!

상황

볼은 세이프였지만 OB구역의 철망이 방해가 되므로 움직일 수 없는 장해물로서 볼을 한 클럽 길이 내에서 드롭하여 쳤다.

2 벌타 | 볼이 멈춘 지점에서 다음 샷을

골프규칙

인바운즈에 있는 볼을 스트로크 하려는데 OB구역에 있는 비정상적인 코스상태(움직일 수 없는 장해물)가 스윙에 방해될 경우, 벌 없이 구제가 안 됩니다. 규칙을 잘못 적용하여 잘못된 장소에서 스트로크 하였으므로 2벌타를 받아야 합니다. 이 경우에는 그대로 치든가 언플레이어블을 선언하는 것이 올바른 대처법입니다.
(규칙16-1a(2))

일반구역 ▪ General Area

OB말뚝이 방해가 되어 뽑아내고 쳤다!

OB말뚝 옆에 볼이 멎어있어 방해가 되는 OB말뚝을 움직일 수 있는 장해물로 생각하고 뽑아낸 후 쳤다.

2 벌타 | 볼이 멈춘 지점에서 다음 샷을

골프규칙

　규칙상 OB를 표시하는 말뚝은 코스의 경계물입니다. 따라서 OB말뚝을 뽑고 치면 2벌타가 됩니다. 이 경우에는 뽑지 않고 그대로 플레이하든가 언플레이어블을 선언하고 볼을 처리하는 것이 올바른 대처법입니다. 그러나 제거했던 OB말뚝을 제자리에 갖다 두면 규칙8-1a의 위반으로 인한 페널티를 면할 수 있습니다. 즉 스트로크하기전에 OB말뚝을 원상태로 되돌려 놓으면 벌이 없습니다. (규칙8-1a, 8-1c(1))

General Area ▪ 일반구역

티샷이 심하게 슬라이스가 나서 OB가 났다!

상황 / 2클럽 길이

티샷이 슬라이스가 심하게 걸려 우측 OB선을 넘어 갔다. 처리방법은?

벌타 | 로컬룰에 의해서 바뀔 수 있다.

골프규칙

볼이 아웃 오브 바운즈에 있는 경우는 반드시 1벌타를 추가하고 직전의 스트로크 한 곳에서 원래의 볼이나 다른 볼을 플레이 하여 스트로크와 거리 구제를 받아야 합니다. (규칙 14.6) 하지만, 아마추어 대회 및 골프장 로컬룰에 따라서 플레이 시간을 단축시키기 위해 아웃 오브 바운즈 드롭 구역을 만들어 플레이 하게 되면 한번의 스트로크를 한 것으로 취급해 총 2벌타를 받고 드롭 구역에서 플레이를 합니다.

일반구역 ▪ General Area

파5에서 세컨샷이
그린 앞 숲에 들어갔다!

파5홀에서 3번우드로 친 세컨샷이 훅이 걸려 그린 앞에 숲으로 들어가 3분간 찾아보았는데 볼이 없었다.

벌타 | 분실 지점 부근에 2벌타를 받고 볼을 드롭하여 플레이 한다.

골프규칙

이 로컬룰도 경기속도를 향상시키기 위해 일반 아마추어골프라운드 시에만 적용하는 로컬룰입니다. 프로골프 경기나 공인대회, 엘리트 아마추어와 같은 수준 높은 경기에서는 적용하지 않는 골프룰입니다.

처리방법은 볼이 분실된 지점 부근에 기점을 잡고 그로부터 2클럽이내 드롭하고 플레이 하면 됩니다. 이 경우 티샷1타+우드샷1타+분실1벌타+스트로크와 거리의 벌타1타 후 드롭 후 치는 볼은 5타째가 됩니다. **(분실구에 대한 로컬룰 적용 시)**

General Area ▪ 일반구역

준비된 플레이어(홀에 더 가까운)가 먼저 치는 경우

상황

어려운 라이에서 코스공략을 하기 위하여 준비하는 동안 동반경기자가 홀에 가까운 볼을 칠 준비가 되었다고 먼저 칠 것을 요구함

 벌타

매치플레이: 순서를 지키지 않은 경우 취소 후 다시 칠 것을 요구
스트로크플레이: 순서를 지키지 않아도 벌타는 없으나 홀로부터 먼 플레이어가 먼저 칠 권한이 있음

골프규칙

 2019년 골프룰 개정 시 플레이 속도를 빠르게 하기 위해 플레이순서를 어길 수 있다고 명시하였습니다. 즉 안전을 확보한 상태에서 순서와 관계없이 플레이하는 것을 허용하며 권장하고 있습니다(ready golf). 플레이 순서를 반드시 지켜야 하는 매치플레이에서도 시간을 절약하기 위해 상대방에게 순서를 바꾸어 플레이하자고 제안할 수 있고 순서를 바꾸어 플레이하자는 상대방의 요청을 받아드린다면 순서를 바꾸어 플레이하여도 벌이 없습니다. **(규칙6-4a,4b)**

일반구역 ▪ General Area

볼이 카트 도로에 맞고 그 위에 멈춘 경우

상황

티샷한 볼이 카트 도로를 맞고 굴러 도로 위에 멈추었다. 구제를 받으면서 볼에 홈이 생긴 것을 발견하여 새 볼로 드롭하였다.

 **벌타** | 교체가능하며 새 볼로 드롭 후 플레이

골프규칙

한 홀에서 티잉구역 및 퍼팅그린에서 홀아웃 하기까지는 원칙적으로 그 티오프한 볼로 플레이하여야 합니다. 그러나 다음의 경우에는 인플레이볼을 교체하여도 벌이 없습니다.

1. 구제를 받기위하여 볼을 드롭하거나, 플레이스 할 경우
2. 직전의 스트로크를 했던 곳에서 다시 플레이하는 경우
3. 볼이 분실되어 OB가 된 경우

그러나 볼이 움직이거나, 리플레이스 하기 위해 집어 올린 볼은 교체가 허용되지 않습니다. 위반 시 2벌타를 받습니다. (규칙6-3b)

General Area • 일반구역

미스샷 후 화가나서 클럽으로 나무를 쳤다!

상황

러프에서 미스샷을 한 후 화가 나 클럽으로 나무를 쳤다 클럽이 휘어지는 손상을 입은 클럽으로 플레이를 계속 하였다.

 **벌타** | 계속 사용하거나 수리할 수 있으나 교체는 할 수 없음

골프규칙

적합한 클럽이 라운드 동안 손상된 경우(연습스윙, 골프백에 넣거나 꺼내다가, 떨어뜨려서, 던지다가, 지팡이로 사용하며 기대다가, 화가나서 등) 손상 시킨 원인과 상관없이 그대로 사용하거나 플레이를 부당하게 지연시키지 않는 범위 내에 수리해서 사용하여야 하며 교체도 할 수 있습니다. 플레이어의 클럽손상이 다른 사람이나 외부의 영향 또는 자연의 힘에 의한 손상인 경우에도 교체가 가능합니다. (규칙4-1a(2))

일반구역 ▪ General Area

티샷한 볼이 위험한 동물이 있는 곳으로 가 멈추었다!

상황

티샷한 볼이 러프에 들어가 찾던 중 독사 옆에 정지해 있었다.

 **벌타** | 위험한 동물이 있는 상태가 존재하지 않는 가장 가까운 지점에 드롭

골프규칙

'위험한 동물이 있는 상태'란 볼이 있는 그대로 플레이할 경우 플레이어가 심각한 신체적 위해를 입을 수 있는 상황을 말합니다. 볼이 멈춘 자리가 일반구역인지, 벙커인지, 퍼팅그린인지, 페널티구역인지에 따라 벌 없이 볼이 멈추었던 구역과 같은 곳에 가장 완전한 구제지점에 구제를 받고 플레이하면 됩니다. 페널티구역에 볼이 있는 경우에는 페널티를 받고 페널티구역 밖에서 플레이 할 수 있습니다. **(규칙16-2b)**

General Area · 일반구역

드롭구역에 드롭 한 볼이 구역밖으로 나가 그대로 쳤다!

상황

페널티구역에 들어간 볼을 드롭구역에 드롭하여야 했다. 드롭한 볼이 핀보다 멀리 2클럽 이내 구역 밖에 멈춰 그대로 쳤다.

2벌타 | 정정할 필요 없이 그대로 플레이

골프규칙

드롭된 볼은 반드시 구제지역이나 드롭구역 안에 정지하여야 합니다. 다시 드롭했어야 하며, 재드롭한 볼이 역시 드롭구역 밖으로 굴러나갔다면 재드롭 시 떨어졌던 자리에 플레이스 하면 됩니다. 그러나 재드롭하지 않고 그 자리에서 친 것은 중대하지 않은 잘못된 장소에서 플레이한 것이므로 2벌타를 받고 계속 플레이하면 됩니다.

※ 참고 : 드롭은 무릎높이에서 정해진 구역 안에 반드시 볼이 최초로 떨어져야 합니다. 지면에 닿기 전에 플레이어의 몸이나 장비에 닿으면 횟수에 상관없이 다시 드롭하여야 합니다. 지면에 떨어진 후 플레이어의 발에 닿아 구제구역안에 볼이 멈춘 경우, 인플레이 볼이니 재드롭 하면 안됩니다.

일반구역 ▪ General Area

플레이 선 후방에 캐디가 서 있었다!

상황

플레이어가 방향을 잘 설 수 있도록 캐디가 뒤에서 보고 스탠스만 취하고 스트로크 하기전에 후방선상에서 비켜 섰다.

2 벌타 | 스트로크를 위한 스탠스를 취하기 시작할 때 서 있었기 때문에

골프규칙

플레이어는 스스로 자신의 플레이를 위한 전략과 전술을 세워야 하는데 2019년 규칙변경 전에는 캐디에게 의존하는 플레이어들이 많았고, 이로 인해 경기속도도 느려지는 결과를 초래했습니다. 코스 어디에서든지 캐디는 플레이어의 후방에 서서 방향을 봐 줄 수는 있지만 플레이어가 스트로크하기 위한 동작이 시작되기 전에 후방에서 비켜서면 벌이 없습니다. 규칙위반을 인지한 플레이어가 스탠스를 풀었다 캐디가 비켜선 후 다시 스탠스를 하면 벌이 없습니다. (규칙10-2b(4))

General Area ▪ 일반구역

구제 받는 방법을 착각하여 어깨높이에서 드롭하고 플레이 하였다!

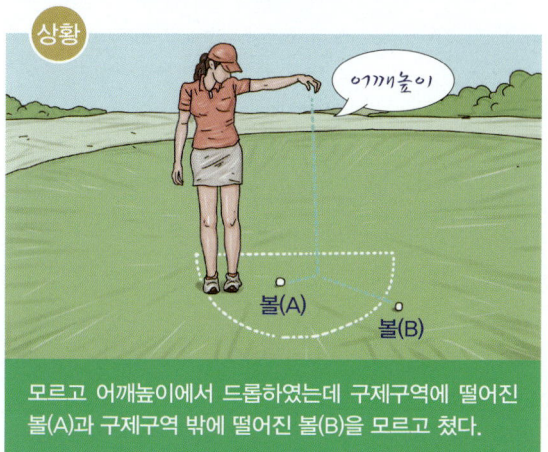

모르고 어깨높이에서 드롭하였는데 구제구역에 떨어진 볼(A)과 구제구역 밖에 떨어진 볼(B)을 모르고 쳤다.

 벌타  벌타 | 그대로 플레이

골프규칙

볼은 반드시 올바른 드롭방법으로 드롭하여야 하는데 착각하여 규칙변경 전 습관대로 어깨높이에 드롭한 것입니다. A볼은 드롭방법이 잘못되었으나 결과적으로 구제지역 안에 멈춘 볼을 쳤기 때문에 1벌타를 받고, B볼은 드롭방법 위반과 더불어 구제지역 밖에 떨어진 볼을 잘못된 장소에서 플레이하였으므로 2벌타를 받습니다. 둘다 치기 전에 다시 올바른 방법으로 드롭하였다면 벌을 면할 수 있습니다. (규칙14-3b)

페널티구역
(Penalty Area)

- 페널티 구역에는 2종류가 있다.
- 적색선(말뚝)과 노란선(말뚝)에 따라 처리방법이 다르다.

노랑색과 적색으로 표시된 페널티구역의 차이를 알아두자

페널티구역에는 노란색 말뚝 또는 선으로 경계를 표시하는 곳과 적색말뚝, 적색선으로 표시하는 곳이 있습니다.

**페널티구역 중
노랑색으로 표시된 곳으로 볼이 들어간 경우**

① 페널티구역 안에 있는 볼을 벌 없이 그대로 친다.
② 원구를 플레이한 직전의 스트로크한 곳에서 원래의 볼이나 다른 볼을 플레이하면 됩니다.
③ 볼이 페널티구역 경계를 마지막으로 가로지른 지점과 홀을 연결한 후방선 기준선에 따라 정해지는 구제구역에 드롭한다. ②, ③의 방법을 선택할 경우는 1벌타를 받아야 합니다.

적색으로 표시된 페널티구역에 들어간 경우

스트로크와 거리(stroke and distance) 구제방법인 ②와 후방선구제 ③의 방법과 추가로 ④ 측면구제방법으로 1벌타 후 볼이 적색 페널티구역의 경계를 마지막으로 통과한 지점으로부터 2클럽 이내의 구역에 드롭하고 플레이 하면 됩니다. 이외 등거리의 건너편 한계상의 지점에 드롭하는 방법은 2019년부터 로컬룰로 정하지 않는 한 사용할 수 없습니다.

Penalty Area ▪ 페널티 구역

스트로크한 볼이 바로 앞의 노랑색 페널티구역으로 들어갔다!

스트로크한 볼이 그린 바로 앞의 노랑색 페널티구역으로 굴러 들어갔다.

 **벌타** | **그대로 치면 무벌타**

골프규칙

노랑색 페널티구역에서 직접 치지 못할 경우 1벌타 후 ① 앞서 쳤던 곳으로 돌아가 구제구역(1클럽) 내에 드롭하거나 ② 홀과 볼이 페널티구역에 최후로 들어간 경계선상(×지점)의 지점을 연결한 후방선상 기준점에 구제구역(1클럽 반원이 아닌 원형)에 드롭하여야 합니다. (규칙17-1d, 2023년 개정룰)

페널티 구역 ▪ Penalty Area

다리 난간이 방해가 되어 칠 수 없다!

상황

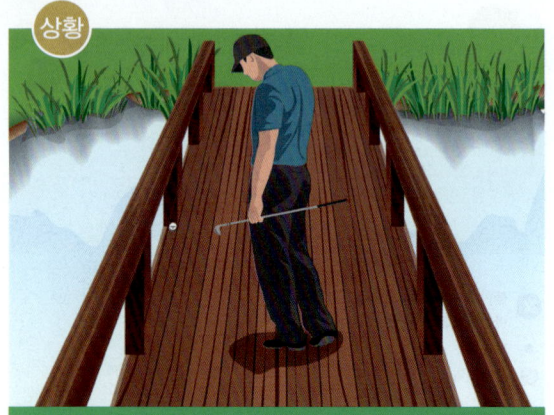

페널티구역 안의 설치된 다리 난간에 볼이 딱 달라붙어 도저히 치지 못할 것 같다.

 **벌타** | 언플레이어블 볼 선언

골프규칙

페널티구역의 경계는 지면으로부터 위와 아래 양방향으로 연장됩니다. 페널티구역 안에 있는 다리위에 있는 볼은 페널티구역 안에 있는 볼이고, 구역내 움직일 수 없는 장해물로부터 방해는 구제 받을 수 없습니다. 따라서 그대로 치지 못할 때에는 1벌타를 받고 페널티구역 구제방법을 선택하여 처리하면 됩니다. (규칙17-1a, 용어의 정의: 페널티구역)

Penalty Area ▪ 페널티 구역

다리 위에 있는 볼을
소울(sole)을 대고 쳤다!

상황

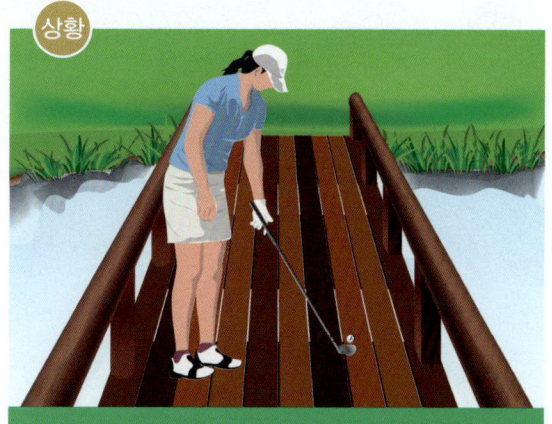

페널티구역 안에 있는 다리 위에 멈춘 볼을 치려고 클럽을 다리 위에 대고 스탠스 한 후 쳤다.

 벌타 | 그대로 플레이 계속

골프규칙

볼이 페널티구역 안에 있는 경우, 일반구역에 있는 볼을 치는 방법과 동일한 규칙에 따라 벌타없이 볼을 플레이 할 수 있다. 즉 페널티구역 내 볼을 치기전에 클럽을 페널티구역 내에 놓는 것은 허용됩니다. 단 벙커에서는 스트로크 하기전에 볼 뒤에 클럽을 모래에 놓게되면 2벌타를 받습니다. (규칙17-1b)

페널티 구역 • Penalty Area

다리 위의 낙엽을 치우고 쳤다!

상황

페널티구역 안에 설치된 다리 위에 멈춘 볼 옆에 낙엽이 있어 치우고 쳤다.

 **벌타** | 그대로 플레이 계속

골프규칙

루즈임페디먼트(낙엽)는 코스 안팎 어디에서나 손이나 발, 클럽, 그밖의 장비를 사용하여 벌 없이 제거할 수 있습니다. 단 루즈임페디먼트를 치우다 볼이 움직이면 1벌타 후 리플레이스 하여야 합니다. **(규칙15-1a, 1b)**

Penalty Area ▪ 페널티 구역

물속으로 들어간 볼을
클럽을 이용해 찾았다!

상황

페널티구역 안에 들어간 볼을 물속에 클럽을 넣어 찾다가 볼에 닿거나 움직이게 했다.

 벌타 | **안에서 칠 경우는
원래의 위치에 리플레이스**

골프규칙

플레이어는 자신의 인플레이 볼을 찾기 위하여 모래를 움직이거나 물을 휘젓는 행동을 할 수 있습니다. 만약 물속에서 그대로 칠 때에는 원래의 위치에 리플레이스 하여야 합니다. **(규칙7-1a, 7-4)**

페널티 구역 ▪ Penalty Area

물속에 있는 낙엽을 치우고 쳤다!

상황

페널티구역의 얕은 물속으로 들어간 볼을 그대로 칠 수 있을 것 같았으나, 바로 앞에 있는 낙엽이 방해가 되어 치우고 쳤다.

 벌타 | 그대로 플레이 계속

골프규칙

루즈임페디먼트는 코스 안팎 어디에서든지 벌없이 치울 수 있습니다. 단, 루즈임페디먼트를 치우는 과정에서 플레이어 볼을 움직이게 한 경우에는 1벌타를 받을 수 있으니, 루즈임페디먼트를 제거 시 주의 하여야 합니다. (규칙15-1a)

Penalty Area ▪ 페널티 구역

물속에서 움직이는 볼을 쳤다!

얕은 냇가와 같은 페널티구역 안에 들어간 볼이 물의 흐름에 따라 천천히 움직이고 있었는데 그대로 쳤다.

 벌타 | 그대로 플레이를 계속

골프규칙

페널티구역 이외의 장소에서는 움직이고 있는 볼을 치는 것은 금지되어 있지만, 페널티구역 내의 경우는 움직이는 볼을 쳐도 됩니다. 단, 볼이 좋은 위치까지 굴러 가기를 기다리며 플레이를 지연시켜서는 안 됩니다.
(규칙10-1d, 예외3)

페널티 구역 ▪ Penalty Area

볼이 그린에서 되돌아와 바로 앞 노랑색 페널티구역으로 들어갔다!

상황

그린으로 떨어진 볼이 강한 백스핀에 걸려 다시 굴러와 그린 바로 앞의 노랑색 패널티구역으로 들어갔다!

1벌타 | 그대로 치면 무벌타

골프규칙

연못 속에서 직접 치지 못하는 경우는 1벌타를 받고 ① 홀과 볼이 굴러간 경계선상의 지점을 연결한 연못의 후방선상(연못의 티잉구역 쪽) 구제지역에 드롭하든가, ② 앞서 샷을 한 지점으로 돌아가 구제지역에 드롭하든가를 선택할 수 있습니다. **(규칙17-1d)**

Penalty Area ▪ 페널티 구역

볼이 노랑색 페널티구역으로 들어갔다!

코스를 가로질러 있는 노랑색으로 표시된 페널티구역으로 볼이 날아가 연못 바닥에 가라앉았다.

 **1벌타** | 그대로 치면 무벌타

골프규칙

노랑색으로 표시된 페널티구역으로 볼이 들어갔을 때에는, 그대로 칠 수 있다면 쳐도 상관없지만, 치지 못하는 경우에는 1벌타입니다. 이때는 최후로 플레이한 위치로 되돌아가 치든지, 홀과 볼이 페널티에어리어의 경계선상을 마지막으로 넘은 지점을 연결한 후방선상 구제지역에서 드롭하고 칩니다. **(규칙17-1d)**

페널티 구역 ▪ Penalty Area

볼이 적색 페널티구역으로 들어갔다!

상황

코스와 평행으로 있는 적색 페널티구역으로 볼이 들어가 바닥에 가라앉았다.

 **벌타** | 그대로 치면 무벌타

골프규칙

그대로 쳐도 좋지만 치지 못할 때에는 1벌타입니다. 노란색 페널티구역에 들어갔을 때 구제방법과 같은 두가지 방법과 추가로 볼이 마지막으로 경계를 가로지른 지점(A)에서 홀에 가깝지 않은 두 클럽 길이 이내의 구역에 드롭하고 칠 수 있습니다. **(규칙17-1d)**

Penalty Area ▪ 페널티 구역

스탠스를 하면서 클럽이 수면에 닿았다!

상황

페널티구역의 얕은 연못 속에 있는 볼을 치려고 스탠스를 했더니 클럽이 수면에 닿았다.

 벌타 | 그대로 플레이 계속

골프규칙

페널티구역 안에 있는 볼을 칠 때에는 그 구역 내의 수면이나 지면에 클럽을 접촉시키는 것은 허용됩니다. 구역 내 물이 없는 지면이나 잔디 위에 볼이 있어도 마찬가지 지면에 클럽이 닿아도 벌이 없습니다. **(규칙17-1b)**

페널티 구역 ■ Penalty Area

연못 속에 있는 볼을
확인을 위해 집어 올렸다!

페널티구역인 연못 속으로 날아간 볼을 찾던 중 발견한 볼이 자신의 것인지 확인하기 위해 집어 올렸다.

 **벌타** | 안에서 치는 경우는
원래 위치에 리플레이스

골프규칙

2019년 개정된 규칙 7-1에 의해 페널티구역 안에 있는 볼도 집어 올려 확인할 수 있습니다. 집어 올리기 전에 물이 아닌 곳이나 물 속에 마크를 한 후 집어 올려야 합니다. 연못 안에서 그대로 칠 경우에는 볼을 리플레이스 해야 합니다. **(규칙7-3)**

Penalty Area ▪ 페널티 구역

페널티구역 안에 있는 풀에 클럽이 닿았다!

상황

물속에 있는 볼을 그대로 치려고 백스윙을 했는데 물속에서 자라 올라온 풀에 헤드가 닿았다.

 벌타 | 그대로 플레이 계속

골프규칙

페널티구역과 벙커 내에서는 스탠스와 백스윙을 할 때 그 안에서 자라는 풀이나 나무나 장해물이 클럽에 닿아도 벌은 없습니다. 2019년 개정 골프룰에서는 페널티구역이나 벙커안에 볼이 있는 경우, 낙엽이나 나뭇가지, 작은 돌과 같은 루즈임페디먼트를 치워도 벌이 없습니다. (규칙15-1a)

페널티 구역 ▪ Penalty Area

페널티구역 안에 있던 볼이 흘러가 OB로!

상황

물이 흐르는 페널티구역인 냇가에 떨어진 볼이 물살을 따라 흘러가 OB구역으로 들어가 버렸다.

 **1 벌타** | **원래 위치에 드롭**

골프규칙

규칙상 물이나 바람은 외부의 영향이 아닙니다. 따라서 물로 인해 움직이게 된 볼은 볼이 있는 위치에서 플레이하게 되어 있어 이 경우는 OB가 됩니다. 다른 보통의 OB와 마찬가지로 앞서 쳤던 지점으로 돌아가 드롭하여 다음 플레이를 합니다. **(규칙9-3)**

※ 물 속에서 움직이는 볼을 스트로크 하여도 벌이 없으므로 OB되기 전 움직이고 있는 볼을 치던가 페널티구역 처리방법을 적용해도 됩니다. (규칙 10-1d 예외3)

벙커(Bunker)

- 벙커에서 스트로크 하기 전에 클럽을 모래에 대어서는 안된다.
- 플레이한 사람이 모래를 잘 정리해 두어야 합니다.

벙커의 모래는
깨끗하게 정리하자.

벙커 샷을 한 다음에는 반드시 스스로 깨끗하게 정리합니다. 모래를 파낸 자국, 스탠스 발자국 또는 다른 발자국을 깨끗이 정리하는 것은 골퍼로서 당연한 행위입니다.

만약 자신의 볼이 들어간 벙커에 발자국이 잔뜩 나 있어 도저히 칠 수 없는 상황이라면 즐거워야 할 골프를 망치게 됩니다. 그런 불쾌한 기억을 다음 팀의 플레이어에게 주게 된다면 비신사적인 골퍼입니다.

다음 팀을 위하여 깨끗하게 정리한 벙커에 언젠가 플레이어 자신이 들어갈 수도 있습니다.

벙커에 들어가거나 나올 때 벙커 턱을 상하게 하지 않게 항상 턱이 낮은 곳으로 들어가고 나오면 벙커를 좋은 상태를 유지할 수 있습니다.

벙커 고무래는 규칙에 언급하는 바는 없지만 벙커 밖에 두는 것을 권장합니다. 뒷조 플레이어들의 볼이 벙커에 굴러 들어가는 것을 막아주도록 놓아주는 것이 골프 정신의 배려를 실천하는 것이라 생각합니다.

Bunker · 벙커

 # 동반경기자의 샷으로 인해 볼이 모래에 덮였다!

동반경기자의 벙커샷으로 튄 모래가 같은 벙커안에 있던 자신의 볼을 뒤덮었다.

 **벌타** | 원래의 라이상태로 만들어 놓는다.

골프규칙

벙커 안에 있는 자신의 볼의 라이가 동반경기자의 벙커 샷에 의해 바뀌었을 때에는 벌타 없이 원래의 라이로 복원해야 합니다. 만약 복원 중에 볼이 움직이면 벌 없이 원래 위치에 리플레이스 합니다. **(규칙8-1d)**

벙커 ▪ Bunker

모래를 골라 놓은 곳으로 볼이 되돌아왔다!

벙커에서 친 볼이 언덕의 경사면에 멈추었다고 생각해 모래를 정리했는데, 다시 움직이기 시작해 굴러와 방금 골라 놓은 곳으로 되돌아왔다.

 벌타 | 그대로 플레이 계속

골프규칙

볼이 벙커 밖에 있을 때는 아무 제한 없이 모래나 흙을 고를 수 있습니다. 이 경우는 볼이 벙커 밖에 있을 때 모래를 골랐으므로 볼이 다시 굴러 들어와 골라 놓은 곳에 정지하였더라도 규칙 위반이 되지 않습니다.
(규칙12-2b)

모래에 볼이 완전히 묻혔다!

상황

벙커 안으로 떨어진 볼이 모래 속으로 깊이 들어가 완전히 파묻혀 전혀 보이지 않는다.

 **벌타** | 볼의 일부가 보이도록 모래를 제거한다.

골프규칙

벙커 안에서 볼이 모래 속에 완전히 묻혀있을 때에는 볼을 찾다가 움직여도 벌이 없습니다. 움직인 볼은 리플레이스 하여야 하며 그때 그 볼의 일부가 보일 정도까지 모래를 제거할 수 있습니다. 볼의 일부가 보일 정도로 모래를 다시 덮어 놓지 않으면 2벌타를 받습니다. (규칙7-1b)

벙커 ▪ Bunker

모래에 클럽을 대고 스탠스 했다!

상황

벙커 안에 있는 볼을 치려고 스탠스할 때 실수로 클럽을 모래에 댔다.

2벌타 | 그대로 플레이 계속

골프규칙

2019년 개정룰에서는 벙커 안에 볼이 있을 때에는 벙커의 지면을 클럽으로 접촉하는 것이 허용되는 경우도 있습니다. 그러나 스트로크 하기 전 스탠스 취하면서 클럽을 볼 뒤나 앞에 있는 모래에 접촉하거나 연습스윙하면서, 스트로크를 위한 백스윙을 하면서 모래를 건드리는 행동은 여전히 금지되고 있으며 위반시 2벌타를 받아야 합니다. (규칙12-2b)

Bunker ▪ 벙커

백스윙을 하다 클럽이 벙커에 떨어져 있는 나뭇가지에 닿았다!

상황

벙커 안에 있는 볼에 스탠스를 하고 백스윙을 하면서 벙커에 떨어져 있던 나뭇가지에 클럽의 헤드가 닿았다!

 벌타 | 그대로 플레이 계속

골프규칙

코스 어디에서나 루즈임페디먼트(나뭇가지)를 벌 없이 치울 수 있습니다. 이 경우 클럽헤드가 벙커에 닿지만 않았다면 벌이 없습니다. **(규칙15-1)**

205

벙커 • Bunker

벙커 밖에서 드롭하고 쳤다!

상황

벙커 안의 물웅덩이에서 구제를 받기 위한 드롭을 둑 위의 잔디에다 했는데 볼이 벙커 안으로 굴러와 그대로 쳤다.

 **벌타** | 볼이 멈춘 지점에서 다음 샷을

골프규칙

볼이 벙커에 있는 비정상적인 코스상태(일시적인 고인물)에 있는 경우, 벌 없이 벙커 내 가장 가까운 완전한 구제지점을 정하고 그 구제구역에 드롭하여야 하며 드롭한 볼은 반드시 벙커 안에 있어야 합니다. 추가로 1벌타를 받고 홀과 원래의 볼이 있는 지점을 지나는 직후방(거리 제한 없음)의 기준선상에 1클럽 내 구제지역을 정하고 드롭하면 됩니다. 위 상황에서 벙커에 있는 볼을 치기 전이라면 규칙에 맞게 다시 드롭하면 벌이 없으나 그대로 치면 1벌타 또는 2벌타를 받아야 합니다. **(규칙14-3b, 3c)**

Ⓐ 1벌타-벙커 밖에 드롭한 볼이 결과적으로 벙커 안에 멈춘 경우
Ⓑ 2벌타-벙커 밖에 드롭한 볼이 벙커 밖에 멈춘 경우

Bunker ▪ 벙커

벙커 안에 사용하지 않는 클럽을 놓았다!

상황

사용할 클럽을 정하지 못해 벙커 안으로 가지고 들어간 2개의 클럽 중 사용하지 않는 한 개를 모래 위에 놓고 볼을 쳤다.

 **벌타** | 그대로 플레이 계속

골프규칙

사용하지 않는 클럽이나 장비, 그 밖의 물체를 벙커 안에 놓아두는 것은 규칙에서 허용하고 있으므로 벌은 없습니다. 그러나 플레이어가 스트로크를 준비하거나 스트로크하는데, 도움이 되는 곳에 클럽을 놓는 경우에는 2벌타를 받을 수 있으니 주의해야 합니다. **(규칙12-2b)** 클럽을 보이지 않는 뒤쪽에 놓을 것을 권장합니다.

벙커 ▪ Bunker

벙커 안에 우산을 꽂아 두었다!

상황

비가 오는 날의 라운드 중, 벙커로 들어간 볼을 치려고 벙커 안으로 들어가 쓰고 있던 우산을 접어 모래에 꽂아놓고 쳤다.

 **벌타** | 그대로 플레이 계속

골프규칙

  벙커 안에 있는 볼을 치기 전에 벙커 안의 모래에 우산과 고무래를 무심코 꽂은 경우는 벌이 없으나, 벙커 모래의 질을 테스트하기 위해 의도적으로 꽂았을 때는 모래상태를 테스트한 것으로 간주하여 2벌타를 받습니다. (규칙12-2b)

Bunker • 벙커

벙커 안에서 낙엽을 제거했다!

상황

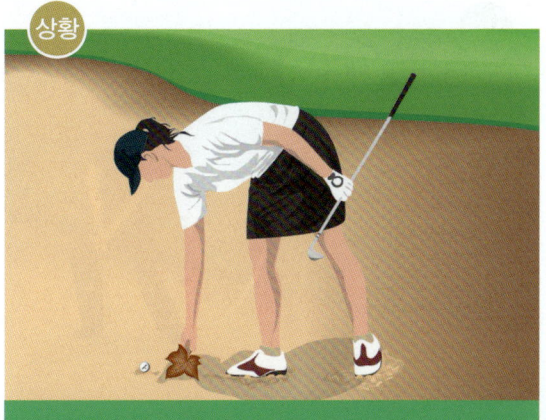

벙커로 들어간 볼 바로 앞에 샷에 방해가 되는 낙엽이 떨어져 있어 제거했다.

 벌타 | 그대로 플레이 계속

골프규칙

 벙커나 페널티구역 안에 루즈임페디먼트가 있는 경우 벌 없이 제거할 수 있습니다. 이때 루즈임페디먼트를 제거하다가 볼이 움직이면 1벌타를 받아야 하고 움직인 볼은 리플레이스 하면 됩니다. 치운 루즈임페디먼트는 원위치 할 필요 없습니다. **(규칙15-1a)**

벙커 ▪ Bunker

벙커 안에서
동반경기자의 볼을 쳤다!

벙커 안에 절반쯤 묻혀 있는 볼을 자신의 볼이라고 확인하지 못한 채 쳤는데 그것이 동반경기자의 볼이었다.

 벌타 | 벌타 받고 자신의 볼을 친다.

골프규칙

코스 어디에서든지 잘못된 볼을 친 경우 2벌타를 받고 규칙에 따라 바로 잡아야 합니다. 자신의 볼을 치고 상대 볼은 원래의 자리에 원래의 볼이나 다른 볼을 리플레이스 하면 됩니다. 원래의 라이가 변형된 경우 최대한 원래의 라이가 되도록 만들어 놓고 리플레이스하면 됩니다. (규칙6-3c)

Bunker ▪ 벙커

벙커 안에서 볼 2개가 붙어있다!

벙커 안에서 자신의 볼과 동반경기자의 볼이 딱 달라붙어 있어 그 상태로 샷을 하면 2개를 모두 치게 될 것 같다.

 벌타 | **원래의 라이 상태로 복원하고 리플레이스**

골프규칙

동반경기자의 볼이 자신의 플레이에 방해가 되는 경우에는 그 볼을 집어 올리게 할 수 있습니다. 볼을 집어 올릴 때에는 반드시 마크를 하고(집어 올린 볼은 닦아서는 안됩니다) 플레이어가 샷한 후에 리플레이스합니다. 만약 원래 라이가 바뀌었을 때에는 원래 상태로 복원한 후 리플레이스합니다. (규칙14-2d)

벙커 ▪ Bunker

벙커 안의 고무래가 방해!

벙커 안으로 날아든 볼이 그 안에 놓아둔 고무래에 딱 달라붙어있다.

 벌타 | 움직일 수 있는 장해물로서 제거한다.

골프규칙

 규칙상, 고무래는 「움직일 수 있는 장해물」이므로 벌 없이 제거할 수 있습니다. 또한 고무래를 제거하다 볼이 움직인 경우도 벌 없이 움직인 볼을 원래의 위치에 리플레이스 합니다. (규칙15-2a)

Bunker ▪ 벙커

모래가 없는 벙커 턱에 볼이 박혔다!

상황

끄~응

벙커의 턱에 볼이 깊게 박혀서 그 상태로는 잘 치지 못할 것 같다.

 **벌타** | 언플레이어블을 선언한다.

골프규칙

흙, 풀, 뗏장, 인공자재로 만들어진 벙커의 경계에 있는 턱이나 측면이나 측벽, 벙커 안에 모래가 없는 맨땅은 벙커가 아니고 일반구역입니다. 볼이 일반구역에 박힌 경우 페널티 없는 구제를 받을 수 있습니다.

먼저 구제를 받기 위한 기준점을 정하는데 그 곳은 박힌 곳 바로 뒤의 일반구역이어야 합니다. 그 기준점으로부터 홀에 가깝지 않게 한 클럽 이내에 드롭하여야 하고 볼은 반드시 그 곳에 정지하여야 합니다. **(규칙16-3b. 2023년 1월 개정)**

※ 볼 바로 뒤의 지점이 일반구역이 아닌 경우 볼 바로 뒤의 지점과 가장 가깝지만 홀에 가깝지 않은 어느 정도 떨어진 일반구역에 지점을 찾아 구제를 받을 수 있습니다.

벙커 ▪ Bunker

벙커에서 친 볼이 OB로 들어간 후에 모래를 골랐다!

벙커에서 친 볼이 OB구역으로 날아갔지만 일단 모래를 고른 후 다시 칠 볼을 드롭했다.

 벌타 | 그대로 플레이 계속

골프규칙

 규칙상 플레이어가 벙커 안의 모래에 접촉하는 것을 금하는 것은 볼이 벙커 안에 있을 때입니다. 벙커 안에서 OB로 친 후에는 인플레이 볼은 벙커 안에는 없으므로 벙커를 평평하게 고르더라도 벌은 없습니다. 단, OB의 1벌타 후 벙커에서 다른 볼을 치기위해 드롭한 볼이 박히면 그대로 쳐야 합니다. (규칙12-2b)

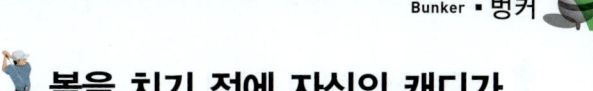

볼을 치기 전에 자신의 캐디가 발자국을 지웠다!

상황

벙커 안에 있는 볼을 치기 전에 자신의 캐디가 벙커 안의 많은 발자국을 고무래로 정리했다.

 **벌타** | 그대로 플레이 계속

골프규칙

그렇게 고르는 것이 오직 코스를 보호하기 위한 목적이었고 플레이어의 다음 스트로크와 관련해서 규칙(8-1a 스트로크에 영향을 미치는 상태)에 위반되지 않았다면 어느 때든지 벙커안의 모래를 고를 수 있다.
(규칙12-2b)

벙커 • Bunker

볼을 확인하기 위해 벙커 안의 낙엽을 움직였다!

벙커로 들어간 볼 위에 낙엽이 덮여있다. 볼이 전혀 보이지 않는 상태여서 볼이 보이도록 낙엽을 조금 움직였다.

 **벌타** | 볼이 움직이지 않았다면, 그대로 플레이 계속, 움직인 볼은 리플레이스

골프규칙

2019년 부터는 코스내 모든 루즈임페디먼트는 벌 없이 제거할 수 있습니다. 볼이 움직일 수 있는 가능성이 있으면 치우지 않는게 좋습니다. 치우다 볼이 움직이면 1벌타를 받기 때문입니다. 그러나 위의 경우에는 볼을 확인하기 위한 행동으로 벌이 없습니다. **(규칙7-1a)**

※ 루즈임페디먼트: 돌멩이, 죽은풀, 낙엽, 나뭇가지, 나무토막, 동물의 사체와 배설물, 벌레, 곤충, 거미줄

볼이 물에 잠긴 벙커 속으로 들어갔다!

상황

벙커 안이 모두 물에 잠긴 벙커로 볼이 들어갔는데 일시적인 고인물로 드롭할 장소가 벙커 안에 없다.

1벌타 | 페널티 구제로 벙커 밖 후방선에 드롭

골프규칙

　벙커 안에서 홀에 가깝지 않은 곳으로 고인 물을 피해 홀에 가깝지 않게 1클럽 이내 벌없이 드롭하면 됩니다. 고인 물이 넓은 지역에 퍼져있어 드롭할 장소가 없다면 비정상적인 코스로부터 벌없는 구제를 받을 수 없습니다. 이 경우는 후방선 구제방법으로 1벌타를 받고 홀과 볼을 연결한 벙커 후방 선상에 기준점을 정하고 그로부터 한 클럽 구역 안에 거리제한 없이 벙커 밖에 드롭할 수 있습니다. (규칙16-1c)

벙커 • Bunker

볼이 벙커 안의
물웅덩이로 들어갔다!

벙커로 날아간 볼이 벙커 중앙에 있던 작은 물웅덩이 속으로 들어갔다.

 벌타 | 일시적으로 고인물(비정상적인 코스 상태로부터 벌 없이 구제를 받는다)

골프규칙

 벙커 안에 드롭할 수 있는 장소가 있다면 벌 없이 벙커 내에 구제받을 수 있습니다. 이 경우는 볼이 멈춘 지점에서 홀에 가깝지 않고 그 방해를 피할 수 있는 원래 위치에 가장 가까운 완전한 구제지점을 정한 후 그곳에서 한 클럽 범위 내에 볼을 드롭하거나 벙커 안에서 가장 가까운 완전한 구제지점이 없는 경우에는, 그 벙커 안에 최대한의 구제지점(물이 얕은 곳)을 기준점으로 드롭하여 페널티 없는 구제를 받을 수 있습니다. **(규칙16-1c)**

Bunker ▪ 벙커

스탠스를 취한 후에 볼이 움직였다!

상황

벙커 안에 있는 볼을 치기위해 볼 옆의 모래에 발을 꽉 눌러 고정하고 스탠스를 잡았더니 볼이 데구루루 굴렀다.

 벌타 | 새로운 위치에서 플레이

골프규칙

플레이어가 스탠스를 취했다 하더라도 정지한 볼을 움직이게 한 것을 알고 있거나 사실상 확실하지 않은 경우 볼이 굴러간 새로운 위치에서 벌 없이 플레이를 하여야 합니다. **(규칙9-2b)**

벙커 ▪ Bunker

옆 벙커의 모래를 테스트했다!

자신의 볼이 들어간 벙커 옆에 있는 다른 벙커로 들어가 그 안의 모래상태를 클럽으로 확인한 후 자신의 볼을 쳤다.

 **2벌타** | 그대로 플레이 계속

골프규칙

벙커 안에 볼이 들어가 있을 때에는, 플레이어가 다음 스트로크를 위한 정보를 얻기 위해 그 벙커의 모래상태를 테스트하는 것뿐 아니라 유사한 벙커상태 테스트도 규칙상 금지되어 있습니다. 이 경우도 규칙을 위반한 것이므로 2벌타가 주어집니다. **(규칙12-2b)**

Bunker • 벙커

처음에 난 발자국을 지웠다!

상황

영차!

벙커 샷을 하고 볼이 아직 벙커 안에 있는 상태에서 지금 친 모래자국을 정리한 후 다음 벙커 샷을 쳤다.

 벌타 | 그대로 플레이 계속

골프규칙

스트로크한 후에는 플레이어가 모래를 정리하는 것이 허용됩니다. 단, 다음 스트로크와 관련된 규칙8-1에 위반이 되지 않아야 한다. 말하자면 바로 다음에 칠 때 볼의 위치, 라이, 의도하는 스탠스와 스윙구역 그리고 플레이선과 드롭하는 장소를 개선하지 않는다면 다음 벙커샷을 하기 전에 모래를 고를 수 있습니다. (규칙12-2b)

벙커 ▪ Bunker

확인을 위해 벙커 안에서 볼을 집어 올렸다!

상황

벙커 안으로 날아간 볼이 모래에 파묻혀 이름과 번호가 보이지 않아 자신의 볼임을 확인하기 위해 집어 올렸다.

 **벌타** | 원래의 라이로 복원하고 원래의 위치에 리플레이스

골프규칙

자신의 볼이라고 믿을 만한 이유가 있고, 그 볼을 확인하기 위해 집어 올릴 필요가 있으면 그 볼을 확인하기 위하여 마크하고 벌 없이 집어 올릴 수 있습니다. 집어 올린 볼의 지점(lie)을 원래 상태로 복원하고 원래 위치에 볼을 리플레이스 해야 합니다. (**규칙7-3**) 다만 볼이 모래에 완전히 덮여 있었던 경우에는 볼의 일부만 보이도록 해놓고 치면 됩니다. (**규칙 7-3, 7-4**)

Bunker ▪ 벙커

앞 조에 플레이어들을 기다리다가 실수로 벙커 모래에 클럽이 닿았다!

상황

벙커 내 볼을 치기 위하여 기다리던 중 클럽으로 지팡이 삼아 모래에 대고 기대어 있었다.

 벌타 | 그대로 플레이

골프규칙

벙커 내 볼이 있을 때 모래를 건드려도 페널티가 없는 경우

1. 코스를 보호하기 위해 벙커를 정리한 경우
2. 클럽이나 장비를 벙커에 던져 놓은 경우
3. 측정, 마크, 리플레이스 하기 위한 경우
4. 쉬거나 균형을 잡기 위해 클럽에 기대는 경우
5. 화가 나거나 자신에게 실망하여 모래를 내리친 경우에는 페널티가 없으나 스트로크하기 위하여 볼 바로 앞이나 뒤에 클럽을 모래에 닿거나, 백스윙하면서 모래에 닿거나, 연습스윙하면서 모래에 클럽이 닿으면 2벌타입니다. (규칙12-2b(2))

퍼팅 그린
(Putting Green)

- 그린을 소중히 여기자.
- 모두가 신경을 쓰면 그린은 항상 좋은 상태를 유지할 수 있다.

볼 마크나 손상은 자신이 한 것이 아니어도 수리한다

2019년 개정룰은 퍼팅그린에서 허용되는 개선에 대해 많은 변화를 가져왔습니다.

'퍼팅그린 손상'이란 사람이나 외부의 영향으로 인하여 생긴 손상을 말하는데 다음과 같은 것들입니다.

⇒ 볼자국, 스파이크자국, 장비나 깃대에 긁히거나 찍힌자국, 전에 쓰던 홀을 메운 부분, 뗏장을 덧댄부분, 잔디이음매, 동물의 발자국, 지면에 박힌 물체(예: 돌멩이, 도토리), 우박에 의한 손상 등이고 벌 없이 수리 할 수 있습니다. 그러나 에어레이션구멍, 잔디깎기 작업으로 생긴 홈, 급수·비·그밖의 자연의 힘, 홀이 자연적으로 마모된 부분은 손상에 해당되지 않으며 벌 없이 수리할 수 없습니다.

그린 위에서 지켜야 할 기본 예절은

- 볼 마크는 반드시 수리한다.
- 스파이크를 질질 끌지 않는다.
- 뽑은 깃대는 그린 밖에 둔다.
- 동반 경기자의 라인을 밟지 않는다.
- 퍼트하는 사람의 앞뒤에 서지 않는다.
- 홀의 가장자리를 상하게 하지 않도록 주의 한다.
- 후속조를 위해 그린에서 신속하게 나간다.
- 홀인된 볼을 꺼낼 때 컵 주변을 가까이 밟지 않도록 한다.

Putting Green ▪ 퍼팅 그린

그린 밖에 놓아둔 깃대(flagstick)에 볼이 맞았다!

그린 위에서 퍼트한 볼이 홀을 지나 그린 밖에 자신의 캐디가 놓아둔 깃대에 맞았다.

NO or 2 벌타 | 볼이 멈춘 지점에서 다음 샷을

골프규칙

 2019년 개정룰에서는 그린위에 깃대를 뽑지 않고 퍼트해도 되며, 퍼트한 볼로 깃대를 맞혀도 벌이 없습니다. 볼은 멈춘자리에서 그대로 플레이하면 됩니다. 친 볼이 홀에서 뽑아 놓은 깃대에 우연히 맞은 경우 벌타가 없습니다. 플레이어의 승인 없이 또는 플레이어가 알지 못하는 사이에 동반경기자나 그의 캐디가 뽑아 놓은 깃대에 맞았을 경우는 벌을 받지 않습니다. (규칙13-2b) 그러나 퍼트한 볼의 방향을 고의로 바꾸거나 멈추게 할 수도 있는 특정 장소에 위치시키거나 놓아둔 깃대에 맞으면 2벌타입니다. (규칙13-2b(2))

퍼팅 그린 ■ Putting Green

그린을 손으로 쓰다듬어
잔디의 결을 읽었다!

그린의 잔디의 결이 어느 방향인지 잘 몰라 잔디를 손으로 쓰다듬어 잔디의 결 방향을 확인했다.

2벌타 | 그대로 플레이 계속

골프규칙

홀 아웃할 때까지 플레이어는 그 홀의 그린 면을 문지르기, 볼을 굴려보는 고의적인 행동으로 그린을 테스트해서는 안됩니다. 이를 위반하면 2벌타가 주어집니다. (규칙13-1e)

 Putting Green ▪ 퍼팅 그린

깃대를 뽑았더니 볼이 나왔다!

상황

칩인(chipin)해서 홀 바닥에 있는 볼을 꺼내려고 깃대를 뽑았더니 볼이 홀에서 튀어나왔다.

 벌타 | 칩인이 인정된다.

골프규칙

2019년 개정룰에서 스트로크한 볼이 홀안에 정지하고 그 볼 전체가 퍼팅그린의 표면 아래에 있는 상태와 볼의 일부가 퍼팅그린의 표면 아래에 있는 경우를 홀에 들어간 것으로 정의하고 있습니다. 따라서 그 후 깃대를 뽑았을 때에 볼이 홀에서 튀어나와도 칩인했을 때의 스트로크까지로 홀 아웃이 됩니다. **(용어의 정의: "홀에 들어가다")**

퍼팅 그린 ▪ Putting Green

깃대를 한쪽 손에 든 채 퍼팅했다!

상황

그린 위의 홀 바로 옆에 있던 볼을, 뽑은 깃대를 한쪽 손에 든 채 쳐서 홀에 넣었다.

 벌타 | 그대로 홀 아웃

골프규칙

깃대를 손에 든 채 또는 한손으로 우산을 쓴채 퍼팅을 해도 특별히 문제될 것은 없습니다. 따라서 이 경우는 벌 없이 홀아웃이 된것입니다. 2019년 개정룰에서 깃대를 뽑지 않고 퍼트해도 됩니다. 물론 퍼트한 볼이 깃대를 맞고 홀에 들어가도 벌이 없습니다. **(규칙10-2b[5])**

Putting Green ▪ 퍼팅 그린

깃대에 끼인 상태로 볼이 멈추었다!

그린 밖에서 칩샷(chip shot)한 볼이 홀 가장자리와 깃대에 끼어 절반쯤 나온 채 멈췄다.

 벌타 | 깃대에 반쯤 끼인 볼은 홀인

골프규칙

2019년 개정룰에서 깃대에 반쯤 끼인 상태로 볼이 멈추었을 때에는 그 볼은 이미 홀인된 볼입니다. 깃대를 뽑거나 움직이게 하여 볼이 홀 밖으로 튕겨나오더라도 그 볼은 이미 홀인된 볼이기 때문에 별도의 행동없이 다음 홀로 넘어가면 됩니다. **(규칙13-2c)**

※ 깃대에 기대어 있는 볼의 일부가 지면 아래에 조금이라도 들어가 있으면 홀인된 볼이므로 그대로 볼을 집어 올려도 됩니다.

퍼팅 그린 ▪ Putting Green

깃발에 감겨서 볼이 떨어지지 않는다!

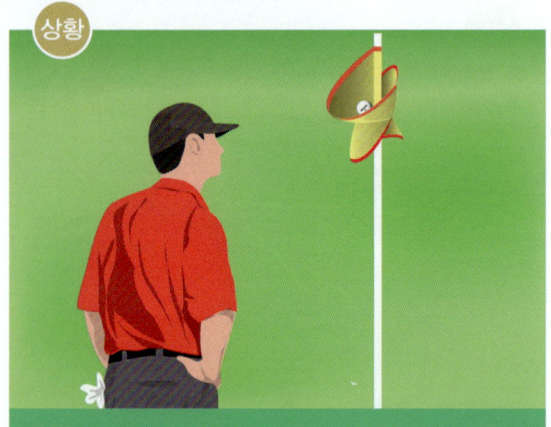

상황

그린 위의 홀에 세워 둔 깃대의 깃발에 맞은 볼이 엉켜 아래로 떨어지지 않는다.

NO 벌타 | 바로 아래에 플레이스(place)

골프규칙

깃발에서 볼이 떨어지지 않을 때에는, 깃발은 움직일 수 있는 장해물로 간주하므로 벌 없이 구제받을 수 있습니다. 이 경우 볼을 깃발에서 꺼내 볼이 있던 자리 바로 아래 그린 위의 홀 가장자리 지점에 플레이스 합니다. **(규칙13-2c)**

Putting Green ▪ 퍼팅 그린

낙엽을 집어내니 볼이 움직였다!

그린 위에 있는 볼 위나 옆에 있는 낙엽을 제거할 때 볼이 움직였다.

 벌타 | 원래 위치에 리플레이스

골프규칙

그린 위의 루즈임페디먼트를 제거할 때 볼이 움직인 경우에는 벌 없이 움직인 볼을 원래 위치에 리플레이스 합니다. 또한 볼 마커가 움직였을 때에도 마찬가지로 볼 마커를 제자리에 리플레이스 합니다. **(규칙15-1b)**

퍼팅 그린 ▪ Putting Green

다른 볼을 플레이스했다!

그린 위의 볼을 마크하고 집어 올린 후에 실수로 주머니 속에 있던 다른 볼을 플레이스하고 퍼트했다.

 **1벌타** | **교체한 볼로 플레이 계속**

골프규칙

볼을 리플레이스 할 때에는 다음 4가지를 제외하고 반드시 원래의 볼을 사용하여야 합니다. 이 경우는 볼의 교체를 허용하지 않았는데 다른 볼로 교체한 것이므로 그대로 퍼트하면 1벌타가 주어지며, 교체한 볼이 인플레이됩니다. 만약 치기 전에 깨닫고 올바른 볼로 치면 벌타는 없습니다. **(규칙6-3b(2), 규칙14-2b(2))**

※ 예 외　① 합리적인 노력으로 원래의 볼을 찾을 수 없을 때
　　　　　② 원래의 볼이 금이 갔거나 갈라진 경우
　　　　　③ 중단되었던 플레이가 재개된 경우
　　　　　④ 원래의 볼을 다른 플레이어가 쳐 버린 경우

Putting Green ▪ 퍼팅 그린

돌풍으로 인해 볼이 홀로 들어갔다!

그린 위에 멈춰있던 볼이 강한 바람에 의해 움직이기 시작하더니 데굴데굴 굴러 홀로 들어가 버렸다.

 **벌타** | 마지막 스트로크로 홀인이 된다.

골프규칙

멈추어 있던 볼이 외부의 영향이 아닌 바람(자연의 힘)에 의해 움직인 경우에는 그 볼이 멈춘 곳에서 벌 없이 다음 플레이를 해야 하지만, 그 볼이 홀로 들어간 경우에는 최후의 스트로크로 홀인한 것으로 봅니다. 그러나 퍼팅 그린에 있는 볼을 마크한 후 집어 올렸다가 리플레이스한 볼이 자연의 힘에 의해 홀인 된 경우에는 반드시 원위치에 리플레이스 하여야 합니다. (규칙9-3, 규칙13-1d(2))

퍼팅 그린 ▪ Putting Green

동반경기자가 퍼팅하는 중에 볼을 주웠다!

라 인 위에서 동반경기자가 퍼트한 볼이 아직 움직이고 있는데 자신의 볼을 마크하고 주웠다.

 벌타 | 마크한 곳에 리플레이스

골프규칙

다른 사람의 볼이 움직이고 있는 동안 자신의 볼을 닦거나 다시 놓기 위해 마크하고 집어 올려도 벌은 없습니다. 단, 줍는 행위를 「자신의 볼이 다른 사람의 볼에 도움이나 방해가 된다」고 생각하여 행한 경우에는 2벌타가 주어 집니다. (**규칙8-2**)

Putting Green ▪ 퍼팅 그린

동반경기자의 마크에 플레이스하고 쳤다!

상황

자신의 볼 마커 옆에 있던 동반경기자의 볼 마커에 실수로 볼을 플레이스하고 퍼트했다.

2벌타 | 볼이 멈춘 지점에서 다음 샷을

골프규칙

다른 사람의 볼 마커에 플레이스하고 볼을 치면 잘못된 위치에서의 플레이가 되어 2벌타가 주어집니다. 이 경우 다음 플레이는 볼이 멈춘 곳에서 합니다. 그러나 다른 사람의 볼 마커가 있던 장소가 자신의 볼마커가 있던 자리보다 상당한 이익을 보는 자리였다면 중대한 잘못된 장소에서 한 플레이로 2벌타 후 자신의 볼마커가 있던 자리에서 다시쳐야 합니다. 중대한 위반인지 아닌지 확신이 안될 경우 두개의 볼을 플레이하고 반드시 위원회에게 보고하여야 실격의 벌을 면할 수 있습니다. (**규칙14-7b**)

퍼팅 그린 ▸ Putting Green

동반경기자의 볼이 들어갈 것 같아서 깃대를 뽑았다!

동반경기자가 그린 위에서 퍼트한 볼이 세워둔 깃대에 부딪힐 것 같아 달려가서 뽑았다.

 **NO or 2 벌타** | 그대로 플레이 계속

골프규칙

2019년 개정룰에서는 플레이어가 깃대를 홀에 꽂힌 그대로 두고 누구에게도 깃대를 잡아 줄 것을 부탁하지 않은 경우 위와 같은 행위는 깃대를 임의대로 제거한 경기자가 2벌타를 받는다. 그러나 퍼트한 볼이 정지하기 전에 깃대를 맞히는 일이 없을거라고 합리적으로 믿고 제거한 경우 깃대를 제거한 경기자에게 벌이 없습니다. **(규칙13-2a(3))**

Putting Green ▪ 퍼팅 그린

 # 동반경기자의 볼이 멈추지 않았는데 퍼트(putt)했다!

동반경기자가 퍼트를 한 볼이 멈추지 않았는데 그린 위에서 자신의 볼을 쳤다.

 벌타 | 그대로 플레이 계속

골프규칙

　동반경기자가 그린 위에서 퍼트한 볼이 움직이고 있는 동안에 자신의 볼을 치면 벌이 없습니다. 단 동반경기자의 볼에 맞을 합리적인 상황이 없을 경우입니다. 고의로 동반경기자의 움직이고 있는 볼에 영향을 미치기 위한 행동이 아닌 경우여야 합니다. **(규칙11-3)**

퍼팅 그린 ▪ Putting Green

마크한 동전을 움직였다!

그린 위의 볼을 마크하고 주운 후에 자신의 볼 마커를 우연히 발로 차서 움직이게 했다.

 벌타 | 볼 마커를 리플레이스 한다.

골프규칙

 2019년 개정룰에서는 플레이어가 볼을 리플레이스 하기전에 어떤식으로 든 볼 마커를 우연히 움직인 경우에는 벌 없이 볼 마커를 리플레이스 하여야 합니다.
(규칙13-1d)

Putting Green ▪ 퍼팅 그린

마크할 때 볼이 움직였다!

그린에 온 상태로 멈춘 볼을 주워 올리기 위해 마크하던 중 실수로 볼을 움직이게 했다.

 벌타 | 원래 위치에 리플레이스

골프규칙

마크할 때 볼이 움직였을 경우에는 벌 없이 볼을 원래의 위치에 리플레이스 한 후 다시 마크합니다. 또한 마크하고 볼을 집어 올릴 때 마커가 움직였을 때에도 마찬가지로 벌 없이 마커를 리플레이스 합니다.
(규칙9-4, 예외4)

퍼팅 그린 ▪ Putting Green

스파이크 자국을
클럽으로 수리했다!

상황

그린 위의 자신의 퍼팅 라인 상에 있는 스파이크 자국을 클럽 헤드를 사용하여 평탄하게 했다.

 벌타 | 그대로 플레이 계속

골프규칙

그린 위의 볼 마크와 스파이크 자국, 오래된 홀 자국을 그린 보수기나 손, 클럽 등으로 수리하는 것은 허용됩니다. 2019년 개정 골프룰에서는 퍼트 하기전에 스파이크 자국이나 동물에 의해 생긴 손상을 수리해도 벌이 없습니다. (규칙13-1c(2))

Putting Green ▪ 퍼팅 그린

볼과 홀 사이에 물웅덩이가!

상황

그린 위 볼과 홀 사이의 퍼팅라인에 물웅덩이가 있어 볼을 퍼트해도 멈출 것 같다.

 벌타 | **비정상적인 코스상태로부터 페널티 없는 구제를 받는다.**

골프규칙

볼이 그린 위에 있을 때, 볼이나 스탠스가 물웅덩이에 들어가든지, 퍼팅라인 상에 물웅덩이(비정상적인 코스상태)가 있는 경우에는 그 방해를 피할 수 있는 가장 가까운 완전한 구제지점에 플레이스 하면 됩니다. 구제지점이 퍼팅그린 밖이 될 경우에 드롭해선 안되며 플레이스 하여야 합니다. (규칙16-1d)

퍼팅 그린 ▪ Putting Green

볼에 붙은 진흙을
잔디에 비벼서 털어냈다!

상황

마크한 볼을 리플레이스하기 전에 볼에 붙어있던 진흙을 잔디에 비벼 털어냈다.

 벌타 | 그대로 플레이 계속

골프규칙

그린면의 잔디를 비비거나, 볼을 굴려 그린 면을 테스트하면 2벌타이지만 플레이어가 그런 의도를 가지고 하지 안 했다면 위반은 아닙니다. 그러나 테스트와 혼동되는 행위이므로 볼을 그린 면에서 닦는 것은 삼가하는 것이 좋습니다. **(규칙13-1e)**

Putting Green ▪ 퍼팅 그린

볼이 그린과 프린지의 경계에 있어서 마크하고 주웠다!

그린 위에 있는 볼의 일부가 프린지에 접촉해 있어 그 볼을 집어 올릴 때 프린지 위에 마크를 했다.

 벌타 │ 그대로 플레이 계속

골프규칙

볼이 퍼팅 그린에 조금이라도 접촉해 있으면 볼을 집어 올릴 수 있는데, 그 때 마크를 그린 밖에 해도 상관없습니다. 또한 규칙에서는 볼을 집어 올릴 때 마크는 볼 마커를 볼 바로 뒤나 옆에 놓아야 합니다. (규칙2-2c)

※ 주의 : 그린에 볼의 일부가 접촉해 있지 않은 경우 마크하고 볼을 집어 올렸더라도 1벌타를 받을 수 있으니 집어 올리기 전에 볼이 그린 위의 볼인지 확인하여야 벌타를 면할 수 있습니다.

퍼팅 그린 ▪ Putting Green

볼이 들어갈 것 같아서 깃대를 뽑았다!

플레이어의 캐디가 고의로 움직이고 있는 볼이 깃대를 맞히지 않도록 하기 위하여 깃대를 뽑았다.

볼이 멈춘 곳에서 그대로 플레이 계속

골프규칙

캐디가 고의로 플레이어의 움직이고 있는 볼이 정지할 수도 있는 곳에 영향을 미치기 위하여(볼이 깃대를 맞히지 않도록 하기 위하여) 그 깃대를 뽑아서는 안 된다. 이 경우 플레이어가 2벌타를 받는다. 그러나 움직이고 있는 볼이 정지하기 전에 깃대를 맞히지는 않을 것이라고 합리적으로 믿고 깃대를 뽑았다면 벌이 없습니다. **(규칙13-2a)**

Putting Green ▪ 퍼팅 그린

수건으로 낙엽을 쓸어냈다!

상황

자신의 퍼팅 라인 상에 있는 낙엽은, 루즈임페디먼트로서 손에 들고 있던 수건으로 쓸어냈다.

 벌타 | 그대로 플레이 계속

골프규칙

그린 위의 낙엽이나 나뭇가지, 작은 돌 등의 루즈임페디먼트는 아무것도 누르지 않는다면 어떠한 방법으로 제거해도 무방합니다. **(규칙15-1a)**

※ 퍼트한 볼이 움직이고 있는 동안에 볼에 영향을 미치기 위하여 고의로 루즈임페디먼트를 제거한 경우 2벌타를 받습니다.

퍼팅 그린 ▪ Putting Green

스탠스 후에 바람으로 인해 볼이 움직였다!

상황

그린 위에서 리플레이스 한 볼에 스탠스하고 퍼팅하려 했을 때 돌풍이 불어와 볼이 움직였다.

 **벌타** | 반드시 원위치에 놓고 플레이

골프규칙

퍼팅그린에 있던 볼을 마크하고 집어올렸다가 리플레이스한 볼은 자연의 힘에 의해 움직였더라도 원래의 지점에 반드시 리플레이스한 후 쳐야한다. **(규칙9-3[예외])**

※ 참고 : 그린 위에 있는 볼(집어올리지 않았던)이 자연의 힘에(바람, 물) 의해 정지한 볼이 움직인 경우 벌 없이 새로운 지점에서 플레이하면 됩니다.

Putting Green ▪ 퍼팅 그린

어프로치샷이 그린 위에 있는 볼에 맞았다!

그린 밖에서 어프로치샷을 했는데 그린 위에 있던 동반경기자의 볼에 맞았다.

 **벌타** | 볼이 멈춘 지점에서 다음 샷을

골프규칙

자신의 볼도 그린 위에 있었을 경우에는 2벌타이지만 그린 밖에서 친 볼이 맞혔을 때는 벌은 없습니다. 맞은 볼이 움직였을 때에는 원래의 위치에 리플레이스 하고 맞춘 볼은 멈춘 지점에서 다음 플레이를 합니다. **(규칙9-6)**

퍼팅 그린 ▪ Putting Green

캐디가 우산을 받쳐준 채 쳤다!

비가 오는 날 그린에서 캐디에게 우산을 들고 있게 했는데 깜박하고 그대로 퍼트를 했다.

2벌타 | 그대로 플레이 계속

골프규칙

플레이어가 스트로크를 할 때에는 바람이나 비를 막아주거나 물리적 도움을 주어서는 안 됩니다. 이 경우도 캐디가 우산을 받쳐줘 비를 막아준 것이기 때문에 위반이 되며 2벌타가 주어집니다. (규칙10-2b(5))

Putting Green ▪ **퍼팅 그린**

캐디에게 볼을 굴려서 건네주었다!

상황

그린위에서 마크하고 주운 볼을 닦아 달라고 그린 위를 굴려서 캐디에게 건네주었다.

 **NO or 2 벌타** | 그대로 플레이 계속

골프규칙

그린을 테스트 하기위해 그린위에서 볼을 굴리거나 그린면을 문지르면, 그린면 테스트로 2벌타를 받습니다. 그러나 볼을 닦게 해달라고 캐디에게 무심코 굴려 주었다면 벌이 없습니다. 이런 경우 동반경기자나, 마커가 이의를 제기할 경우 플레이어에게 불리하게 적용될 수 있으니 그린에서 굴려 건네주는 행위는 권장하지 않습니다.
(규칙13-1e)

퍼팅 그린 ▪ Putting Green

캐디의 발에 볼이 맞았다!

그린 위에서 퍼트한 볼이 홀 근처에 서 있던 자신의 캐디의 발에 우연히 맞았다.

 벌타 | **볼이 멈춘 지점에서 다음 샷을**

골프규칙

규칙이 개정 되기 전에는 퍼트한 볼이 깃대의 시중을 들고 있는 자신의 캐디나 휴대품에 맞았을 때에는 벌타가 주어지며 볼이 멈춘 곳에서 다음 플레이를 했었습니다. 그러나 2019년 개정룰에서는 벌타가 없습니다. 마찬가지 볼이 멈춘 곳에서 다음 플레이를 하면 됩니다. **(규칙13-2b)**

Putting Green ▪ 퍼팅 그린

캐디가 깃대로 플레이선을 접촉했다!

상황

그린 위에서 캐디가 손가락이나 깃대를 이용하여 플레이선(퍼트선)을 접촉하였다.

벌타 | 그대로 플레이 계속

골프규칙

2019년 개정룰에서 볼이 퍼팅그린에 있는 경우 캐디가 플레이선(line of play)을 손가락이나 깃대로 대면서 방향을 알려줘도 벌이 없습니다. 스트로크를 하는 동안에는 퍼트선 전방에 캐디가 서있어서는 안됩니다. 또한 스트로크에 영향을 미치는 상태를 개선해서는 안 된다. (규칙10-2b)

퍼팅 그린 ▪ Putting Green

퍼트 라인 위의 이슬을 손으로 쓸어냈다!

상황

이른 아침 라운드에서 그린 위의 잔디에 이슬이 내려있었다. 이것을 손으로 닦아낸 후 퍼트했다.

2벌타 | 그대로 플레이 계속

골프규칙

'용어의 정의'에서 이슬은 루즈임페디먼트도 일시적으로 고인물도 아닙니다. 따라서 플레이선(퍼트 라인) 상의 이슬을 손으로 제거하면 2벌타가 주어집니다. 또한 서리도 루즈임페디먼트가 아닙니다. **(규칙8-1a)**

Putting Green ▪ 퍼팅 그린

플레이선을 걸치고 쳤다!

상황

라인

그린 위의 볼 뒤에서 양발을 벌리고 플레이선을 걸쳐 서서 퍼터 페이스를 홀로 향해 퍼트했다.

2벌타 | 그대로 플레이 계속

골프규칙

플레이선을 걸터 서거나 그 위를 밟고 서는 것은 매치 플레이에서는 그 홀의 패, 스트로크 플레이에서는 2벌타가 주어집니다. 단, 예외적으로 우연히 또는 다른 플레이어의 퍼트 선상에 서지 않도록 하기 위한 것이라면 플레이어는 벌을 받지 않습니다. **(규칙10-1c)**

퍼팅 그린 ▪ Putting Green

퍼트한 볼이 다른 볼에 맞았다!

상황

그린 위에서 퍼트한 볼이, 마크하고 미처 집어 올리지 못한 그린 위에 있는 동반경기자의 볼에 맞았다.

 **2 벌타** | 볼이 멈춘 지점에서 다음 샷을

골프규칙

그린 위에서 퍼트한 볼이 그린 위에 있는 다른 볼에 맞으면 2벌타가 됩니다. 맞고 움직인 볼은 원래 위치에 리플레이스하고 맞힌 볼은 멈춘 위치에서 각각 다음 플레이를 합니다. (규칙11-1a(2))

 Putting Green ▪ 퍼팅 그린

한 쪽으로 옮겨 놓은 마크를 제자리로 돌려놓지 않고 쳤다!

상황

동반경기자의 퍼트선상에 있던 볼마크를 헤드 하나정도 옆으로 옮겨 마크했는데, 치기전에 마크를 제자리에 놓는 것을 잊어버렸다.

2 벌타 | 볼이 멈춘 지점에서 다음 샷을

골프규칙

그린 위에서 한 쪽으로 옮겨 마크했을 때에 되돌려 놓는 것을 잊고 플레이스하고 치면 잘못된 장소에서의 플레이가 되어 2벌타를 받습니다. 이 경우 중대한 위반이 아니기 때문에 올바른 위치에서 다시 치지 않고 잘못된 곳에서 친 볼이 인플레이가 됩니다. **(규칙14-7b)**

퍼팅 그린 ▪ Putting Green

홀 가장자리에서 멈춘 볼이 11초 이상 지난 후 들어갔다!

퍼트한 볼이 홀의 가장자리에 아슬아슬하게 걸쳐 있어 금방이라도 들어갈 것 같아 기다렸더니 11초 이상 지난 후 홀 안으로 들어갔다.

 **1벌타** | 마지막 스트로크로 홀인이 된다.

골프규칙

볼의 일부가 홀 가장자리에 걸쳐 있는 경우에는 그 볼이 완전히 정지한 것을 확인하기 위해 플레이어에게 홀에 다가가는 데 필요한 합리적인 시간이 주어지며 그 볼이 홀 안으로 떨어지는지 지켜보기 위하여 10초간 기다리는 것이 허용됩니다. 하지만 그 이상 지난 후 홀에 떨어진 경우에는 1벌타가 주어지고 최후의 스트로크로 홀인한 것으로 봅니다. (규칙13-3a)

홀 반대편에서 끌어당겨 쳤다!

상황

홀 근처에 있는 볼을 홀 반대편에 서서 클럽페이스로 긁어모으듯 홀에 넣었다.

 **2벌타** | 그대로 홀 아웃

골프규칙

스트로크를 할 때에는 볼을 클럽 헤드로 바르게 쳐야 하며, 긁어 당기거나 밀어내기, 떠올리는 것은 금지되어 있습니다. 이를 위반하면 2벌타입니다. 또한 퍼터로 당구 치 듯 쳐도 위반이 됩니다. 긁어당기지 않고 친 것이 분명할 경우 벌은 없습니다. **(규칙10-1a)**

퍼팅 그린 ■ Putting Green

플레이선상에 있는 스파이크 자국을 보수했다!

그린에서 자신의 플레이선상에 있거나 홀의 경사 뒤에 있는 홀 주변의 스파이크 자국을 보수했다.

 **벌타** | **그대로 플레이 계속**

골프규칙

2019년 개정규칙에서 그린위에 볼 마크와 사용한 홀 자국, 스파이크자국, 동물발자국, 뗏장이음매 등과 그 후방 약간의 연장선상의 수리뿐만 아니라 홀 주변 등 자신의 플레이에 도움이 될 만한 장소의 손상은 벌 없이 개선할 수 있도록 개정되었습니다. **(규칙13-1c)**

홀에 세워둔 깃대에 볼이 맞았다!

홀에서 멀리 떨어져 멎어 있는 그린 위의 볼을 롱퍼트 (long putt)했더니 홀에 세워둔 깃대에 볼이 맞았다.

 벌타 | 볼이 멈춘 지점에서 다음 샷을

골프규칙

2019년 개정 골프룰에서는 그린 위에서 퍼트한 볼이 홀에 세워둔 깃대에 맞아도 벌이 없습니다. 맞힌 볼이 정지한 지점에서 다음 퍼트를 하여야 하는데, 만약 맞힌 볼이 홀로 들어간 경우에는 홀인이 인정됩니다. (규칙13-2a)

퍼팅 그린 ■ Putting Green

홀의 가장자리를 손으로 눌렀다!

그린의 홀 가장자리 잔디가 앞 조의 플레이어가 깃대로 건들었는지 불쑥 솟아있어 눌러서 평탄하게 했다.

 벌타 | **지나친 행동이 아니라면 손이나 클럽으로 눌러도 된다.**

골프규칙

홀이 자연적으로 마모된 것이라면 손상된 부분은 수리해서는 안 된다. 그러나 퍼팅그린을 원래의 상태로 복구하기 위한 합리적인 행동일 경우 벌이 없습니다. (규칙13-1c)

Putting Green ▪ 퍼팅 그린

잘못된 그린(wrong green)에 올라가 있는 볼을 그대로 쳤다.

상황

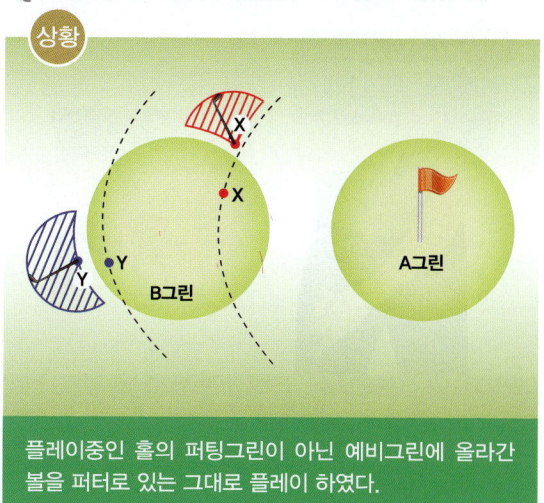

플레이중인 홀의 퍼팅그린이 아닌 예비그린에 올라간 볼을 퍼터로 있는 그대로 플레이 하였다.

 **2벌타** | **그대로 플레이를 계속**

골프규칙

볼이 잘못된 그린에 올라가 있을 때는 반드시 벌 없이 구제를 받지 않으면 안 된다. 플레이 중인 홀의 퍼팅그린을 제외한 코스상의 모든 그린을 잘못된 그린이라 합니다. (규칙13-1f, 용어의 정의: 잘못된 그린)

퍼팅 그린 ▪ Putting Green

긴 퍼터를 잡은 손을 가슴에 대고 퍼트를 했다!

상황

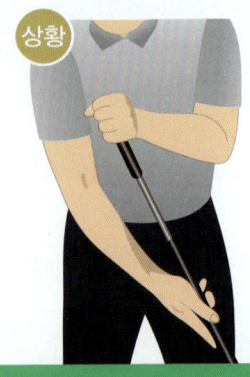
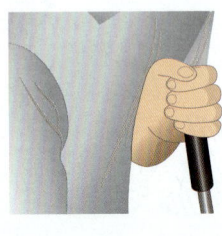

긴 퍼터로 플레이 할 때 한 손은 퍼터의 상단을 잡은 손 또는 퍼터 끝을 가슴에 대고 다른 손으로 클럽을 흔들어 스트로크해도 되는가?

2 벌타 | 그대로 플레이 계속

골프규칙

의도적으로 클럽의 한 쪽 또는 클럽을 잡은 손 그리고 클럽을 잡은 팔뚝을 몸에 고정해서 안정점을 만들어 다른 손으로 클럽을 흔들어 볼을 치는 것은 규칙 위반입니다. 이 규정은 클럽의 길이를 제한하는 것이 아니고 볼을 치는 방법에 대한 규정입니다. **(규칙10-1b)**

※ 규칙에서 '팔뚝'은 팔꿈치 아래에서 손목까지 부분을 말합니다.

Putting Green ▪ 퍼팅 그린

캐디가 플레이어의 허락 없이 그린에서 볼을 집어 올렸다!

상황

그린에 올라간 볼을 플레이어의 캐디가 허락 없이 마크한 후 볼을 집어 올렸다.

 **벌타** | 마크한 후 집어올린 경우는 무벌타 그대로 플레이

골프규칙

규칙에 따라 플레이어의 볼을 집어 올릴 수 있는 사람은 플레이어, 또는 플레이어가 위임한 사람뿐입니다. 라운드를 통틀어 위임하는 것이 아니고 볼을 집어 올리도록 하기 전에 반드시 그 행동을 특정하여 위임할 수 있습니다. 예외로 플레이어가 위임하지 않아도 그의 캐디는 볼이 퍼팅그린에 있을 때에는 언제든지 마크하고 집어 올릴 수 있습니다. 플레이어의 볼이 퍼팅그린 위가 아닌 다른 장소에 있을 경우, 플레이어가 위임하지 않았는데 캐디가 볼을 집어 올리면 1벌타를 받습니다. **(규칙14-1b)**

퍼팅 그린 ▪ Putting Green

리플레이스 한 볼이 저절로 움직여 홀에 가까워 졌다!

상황

7번 아이언 샷이 멋지게 그린에 올라가 버디찬스가 되었다. 볼을 집어 올려 닦고 리플레이스하고 퍼트라인을 보는데 저절로 볼이 홀쪽으로 굴러갔다.

 **벌타** | 자연의 힘에 의해 움직였더라도 반드시 리플레이스

골프규칙

퍼팅그린에 있는 볼을 마크 후 집어 올렸다가 원래의 지점에 리플레이스 한 볼이 움직인 경우에는 반드시 그 볼을 리플레이스 하여야 합니다. 원래의 지점을 알 수 없는 경우에는 반드시 추정하여야 합니다. 멈춘 곳에서 플레이 하게 되면 잘못된 장소에서의 플레이로 2벌타 혹은 중대한 위반(거리 이득)일 경우 실격될 수도 있습니다. **(규칙9-3)**

※ 그린에 올라간 볼을 마크하고 집어 올리지 않았는데 자연의 힘에 볼이 움직였다면 멈춘자리에서 벌없이 플레이 하면 됩니다.

Putting Green ▪ 퍼팅 그린

볼 마크를 제거하지 않고 퍼트하였다!

상황

버디찬스인 숏 퍼트에 몰입하다가 깜빡하고 마크를 제거하지 않은 채 퍼트를 했다.

1벌타 | **그대로 플레이**

골프규칙

규칙에서 집어올린 볼을 리플레이스 하여야 하는 경우 반드시 볼 뒤나 옆에 마크를 하여야 합니다. 그러나 볼 마크를 제거하지 않고 스트로크를 한 경우 플레이어는 1벌타를 받아야 합니다. **(규칙14-1a)**

그린에서 집어 올린 볼을 리플레이스 할 수 있는 사람은 플레이어 자신, 집어 올렸던 사람입니다. 플레이어가 마크하고 집어올린 볼을 캐디에게 볼의 라인을 맞춰 리플레이스하게 한 경우에는 1벌타를 받아야 합니다. **(규칙14-2b)**

※ 참고 : 그린에서 볼을 마크하고 집어 올릴 수 있는 사람⇒플레이어, 그의 캐디, 플레이어가 위임한 사람.

퍼팅 그린 • Putting Green

퍼트한 볼이 우연히 깃대를 잡고 있는 캐디에게 맞았다!

퍼트하는 것을 깃대를 잡고 있던 캐디가 보지 못해 발에 퍼트한 볼이 맞았다.

 벌타 | 놓인 그대로 플레이

골프규칙

플레이어의 움직이고 있는 볼이 깃대 또는 깃대를 잡고 있는 사람을 우연히 맞힌 경우 페널티는 없으며, 그 볼은 반드시 놓인 그대로 플레이 하면 됩니다. 그러나 볼의 방향을 고의로 바꾸거나 그 볼을 멈추게 한 사람이 플레이어나 플레이어의 캐디였다면 2벌타를 받아야 합니다. (규칙13-2b(2))

파3에서 6번째 샷을 하기 전에 'OK'를 받았다!

상황

파3에서 이 퍼트가 성공하면 스코어가 6이 되는데 동반자가 OK를 줘서 홀아웃하지 않고, 볼을 집어 올린 후 다음홀 티샷을 하였다.

위원회가 정해놓은 맥시멈 스코어가 더블파(파3에서는 "6")이면 벌 없음

골프규칙

맥시멈 스코어(maximum score)란 플레이어나 편의 스코어를 위원회가 더블파나 특정한 숫자 등으로 정해놓은 최대타수(스트로크수+벌타)로 한정하는 스트로크 방식입니다. 그러나 맥시멈 스코어가 정해져 있지 않거나 정해진 스코어에 도달하지 않는 경우 스트로크 플레이에서는 끝까지 홀아웃을 하여야 합니다. 그렇지 않으면 다음 홀에서 티샷하는 순간 실격처리 됩니다.
(용어의 정의: 맥시멈 스코어, 규칙3-3c)

어드바이스 · 기타

- 플레이어는 라운드 중 원칙적으로 다른 사람으로부터 어드바이스를 받아서는 안 된다.
- 어드바이스로 허용되는 것은 캐디와 파트너 !

어드바이스가 허용되는 것은 자기의 편 뿐!

골프는 정규 라운드 중 타인으로부터 어드바이스(조언)를 받아서는 안 되는 경기입니다.

규칙에서는 「자신의 캐디, 파트너와 그의 캐디 이외에게 어드바이스를 청하는 것」을 금하고 있습니다. 물론 어드바이스를 해주는 것도 금지입니다.

파트너란? 예를 들면 팀 대항전 등에서 자기편(짝)을 말하며 이 경우 그 선수와 그의 캐디에 한해 그들로부터 어드바이스를 받는 것이 허용됩니다.

무심코 친절을 베푸는 마음에 「스탠스가 오른쪽으로 향했다」라는 한 마디 말도 어드바이스(플레이상의 결단이나 클럽의 선택, 스트로크의 방법에 영향을 주는 행위)에 해당하여 규칙위반으로 2벌타가 주어집니다. 만약 플레이어가 어드바이스를 받아 들였다면 그 또한 2벌타를 받습니다.

라운드 중의 레슨(기술적인 어드바이스)도 물론 금지입니다.

거리에 관한 정보교환은 플레이어들이 할 수 있도록 명문화되어 거리에 관한 정보는 어드바이스로 보지 않는다는 것이 명확하게 되었습니다.

Advice ▪ 어드바이스·기타

그립에 손수건을 감고 쳤다!

비가 오는 날의 라운드 중 젖은 그립이 미끄러워 손수건을 그립에 감고 쳤다.

 벌타 | 그 밖에 장갑, 테이프, 거즈, 수건, 송진은 OK

골프규칙

규칙에서는 클럽을 쥘 때 그립의 강도에 부당한 이익을 주는 장비를 사용하는 경우는 금지됩니다. 그러나 예외로서 장갑을 사용하거나 그립에 테이프나 거즈를 감는 것, 수건, 손수건을 감는 것, 송진을 바르는 것은 인정됩니다. (규칙4-3a)

어드바이스 · 기타 ▪ Advice

다른 사람에게 사용클럽 번호를 물었다!

먼저 친 동반경기자에게 사용한 클럽의 번호를 「몇 번으로 쳤어?」하고 물었더니 「7번이야」하고 가르쳐 주었다.

 **벌타** | 물어본 사람, 가르쳐 준 사람 모두 2벌타

골프규칙

　동반경기자에게 사용한 클럽을 묻거나 가르쳐 주는 것은 다른 플레이어에게 어드바이스를 금지하는 규칙의 「클럽의 선택」에 영향을 주는 조언이 되므로 물어본 사람, 가르쳐 준 사람 모두에게 2벌타가 주어집니다.
(규칙10-2a)

Advice ▪ 어드바이스 · 기타

 동반경기자가 일방적으로 조언했다!

앞의 미스 샷의 원인이 된 스윙의 결점을 동반경기자가 묻지도 않았는데 일방적으로 가르쳐 주었다.

 **벌타** | 가르쳐준 동반경기자에게 2벌타가 주어진다.

골프규칙

어드바이스를 구하지 않았는데 일방적으로 동반경기자가 규칙에서 금하고 있는 어드바이스를 했을 때에는 조언을 받은 사람에게는 벌타가 없습니다. 그러나 일방적으로 어드바이스를 한 동반경기자에게는 2벌타가 주어집니다. **(규칙10-2a)**

어드바이스 · 기타 ▪ Advice

드라이버가 부러져서
동반경기자에게 빌렸다!

앞 홀에서 티샷 할 때 드라이버를 부러뜨려서 동반경기자가 사용하던 드라이버를 빌려서 쳤다.

2 벌타 | 동반경기자의 클럽은 사용불가

골프규칙

   2019년 개정 골프룰에서는 플레이어가 14개의 클럽을 가지고 라운드를 시작한 경우 라운드 중 클럽을 분실하거나 정상적인 플레이 과정 중 손상된 경우 그 클럽을 다른 클럽으로 교체할 수 없습니다. 물론 다른 플레이어의 클럽으로 스트로크해서도 안됩니다. **(규칙4-1b)**

Advice ▪ 어드바이스 · 기타

미스 샷의 원인을
동반경기자에게 물었다!

볼을 쳤는데 지독한 미스 샷이었다. 가까이에서 보고 있던 동반경기자에게 미스의 원인을 물었다.

 **벌타** | 물은 사람, 가르쳐 준 사람 모두 2벌타

골프규칙

스윙의 어드바이스를 받는 것은 규칙에서 금지하고 있는 「스트로크 방법에 영향을 주는」 어드바이스이므로 물은 사람, 가르쳐 준 사람 모두 2벌타입니다. 자신의 캐디나 공용캐디에게는 어드바이스를 구할 수 있습니다. (규칙10-2a)

어드바이스 · 기타 ▪ Advice

벙커 안에서 샷 연습을 했다!

방금 홀 아웃한 그린 뒤에 있는 벙커 안에 볼을 놓고 벙커 샷 연습을 했다.

벌타 | 다음 홀의 스코어에 2타 추가한다.

골프규칙

홀 아웃한 퍼팅그린과 모든 연습그린, 다음 홀의 티잉구역에서의 칩핑이나 퍼팅연습은 허용되지만, 벙커 안에서의 연습스트로크는 물론, 칩핑 등 모든 연습이 금지되어 있습니다. 이를 위반하면 2벌타가 주어집니다. 또한 플레이 중의 연습은 모두 금지되어 있습니다. **(규칙5-5b)**

Advice ▪ 어드바이스 · 기타

볼을 휴대용 온열기로 따뜻하게 해서 쳤다!

상황

온열기

겨울 라운드 중 주머니에 넣어 두었던 휴대용 온열기로 볼을 따뜻하게 한 후 티샷을 쳤다.

 **| 인공 기기, 장비의 사용은 금지**

골프규칙

볼을 따뜻하게 하는 것이 더 잘 날아갈지도 모르지만, 볼을 온열기 등으로 따뜻하게 해서 치면 규칙 위반으로 경기실격이 됩니다. 규칙에서 플레이어는 라운드 중에 가열하여 그 성능을 고의로 변화시킨 볼에 스트로크 해서는 안됩니다. **(규칙4-2a)**

어드바이스 · 기타 ■ Advice

부러진 퍼터를 교체했다!

상황

퍼트 실수에 화가 나서 홀 아웃 후에 퍼터를 땅바닥에 집어던져 부러뜨려서 다른 퍼터로 교체했다.

경기 실격 | 화가나서 클럽을 손상시킨 경우도 정상적인 클럽으로 인정되어 클럽교체 불가

골프규칙

2019년 개정 골프룰에서는 정상적인 플레이 중에 클럽이 사용할 수 없게 되었을 때에는 클럽의 교체가 불가능합니다. 참고로 화가 나서 클럽을 땅바닥에 집어던져 클럽성능이 변화된 경우에 여전히 규칙에 적합한 클럽으로 인정됩니다. 때문에 부러지거나 휘어진 클럽을 그대로 사용해야 하며 손상되기전의 상태로 경기지연 없이 수리하여 사용하면 됩니다. 단, 14개 미만 클럽으로 라운드를 시작했을 경우는 다른 클럽으로 대체할 수 있습니다. (규칙4-1a, 1b)

Advice • 어드바이스 · 기타

솔방울로 연습 샷을 했다!

상황

한 개의 홀을 플레이하던 중 러프에 떨어진 솔방울을 볼이라 생각하고 샷 연습을 했다.

2 벌타 | 많이 모아서 치면 연습 스트로크

골프규칙

한 개 홀의 플레이 중에 연습 스트로크를 하는 것은 금지되어 있지만 떨어져있는 솔방울을 치는 것은 연습 스트로크가 아닙니다. 단, 솔방울을 많이 모아 차례로 치면 위반이 되어 2벌타가 주어집니다. 또한 플라스틱 볼을 치는 것도 규칙 위반입니다. **(규칙5-5a)**

어드바이스 · 기타 ▪ Advice

스코어를 실제보다 많게 써냈다!

상황

한 개 홀의 타수가 4타였는데 5타라고 실제보다 1타 많게 기록하여 스코어 카드를 제출했다.

유효 | 제출한 스코어가 유효하다.

골프규칙

각 홀의 스코어를 착각한 경우 기입한 스코어가 실제보다 적었을 경우에는 경기실격이 되지만 기입한 스코어가 실제보다 많은 경우에는 그대로 많이 신고한 스코어가 유효합니다. 또한 스코어 합계를 잘못 기입해도 실격이 되지 않습니다. 스코어 합산은 위원회의 책임입니다. **(규칙3-3b)**

※ 참고: 라운드가 끝났을 때 자신의 스코어카드의 정정은 마커의 동의나 위원회의 승인하에 이루어져야 합니다.

Advice • 어드바이스 · 기타

잘못된 타순으로 티샷 했다!

자신의 전 홀의 스코어는 '보기'이고 다른 세 사람은 '파'였는데 착각을 하여 첫 번째로 쳤다.

 벌타
스트로크플레이 : 그대로 플레이 계속
매치플레이 : 순서를 지키지 않은 플레이어의 스트로크를 취소시킬 수 있다.

골프규칙

티샷은 최초의 홀에서 제비뽑기 등으로 정한 순서로 하고, 다음 홀부터는 앞의 홀의 스코어가 적은 순으로 플레이해야 하는데, 순서를 잘못알고 쳐도 벌타는 없습니다. 동반경기자에게 사과하고 친 볼로 플레이를 계속 합니다. **(규칙6-4b)**

어드바이스·기타 ▪ Advice

클럽 개수를 초과했음을 5번째 홀에서 알았다!

5홀까지 왔을 때 자신의 가방 속에 클럽이 16개 들어 있어 규정의 14개 보다 2개나 초과한 것을 알았다.

벌타 | 최대 4벌타 위반이 일어난 첫 홀과 두 번째 홀에 각각 2벌타 부여

골프규칙

클럽 초과를 발견한 시점에서 바로 초과 클럽을 사용하지 않을 것을 선언해야 합니다. 그리고 초과한 클럽이 몇 개이든 발견할 때까지의 각 홀 당 2벌타가 주어집니다. 단, 1라운드 최고 4벌타까지입니다. (1, 2홀 스코어 각각 2벌타 부과하여야 합니다) **(규칙4-1b[4])**

※ 초과된 클럽은 사용하지 않겠다고 하고 그 클럽을 거꾸로 골프백에 넣어두거나 카트바닥에 놓아두는 것으로 배제를 하여야 하며, 이후 배제시킨 클럽을 사용한 경우 실격처리됩니다.

Advice ▪ 어드바이스 · 기타

티잉구역 위에서
퍼트 연습을 했다!

상황

좋았어!

앞 조가 아직 페어웨이에 있어 기다리는 동안에 티잉구역 위에서 퍼트연습을 했다.

 벌타 | 연습으로 인한 플레이 지연은 금지

골프규칙

라운드 중의 연습스트로크는 금지이지만 예외적으로 홀 아웃한 후 다음 티샷까지의 사이에 홀 아웃한 그린 위, 연습그린 위, 다음 티잉구역 위와 이들 주변에서의 퍼팅과 칩핑(chipping) 연습은 허용됩니다. **(규칙5-5b)**

어드바이스·기타 ■ Advice

페널티구역·연못·깃대의 위치를 물었다!

훤히 트여 있지 않은 홀의 티에서 코스의 배치를 잘 몰라서 동반경기자에게 벙커나 연못 등의 위치를 물었다.

 벌타 | 코스 배치는 「공지(公知)의 사실」

골프규칙

규칙상, 페널티구역, 연못, 깃대의 위치 등 코스 배치에 대한 정보는 「공지의 사실」이므로 이것을 가르쳐 주는 것은 규칙에서 금지된 어드바이스가 아닙니다. 또한 한 지점으로부터 다른 지점까지의 거리를 알려주거나 규칙을 가르쳐주는 것도 어드바이스가 아닙니다.
(용어의 정의: 어드바이스)

Advice ■ 어드바이스 · 기타

홀 가까이에 있는 볼을 먼저 쳤다!

그린 위에 있는 동반경기자의 볼보다 홀에서 훨씬 가까운 그린 주변의 러프에 있던 자신의 볼을 먼저 쳤다.

 벌타 | 그대로 플레이 계속

골프규칙

티잉구역 이외의 장소에서 플레이하는 순서는 볼이 그린 위에 있는지 없는지에 관계없이 항상 홀에서 가장 먼 사람이 플레이해야 합니다. 그러나 2019년부터는 신속한 플레이를 권장하기위해 플레이어는 방해를 받지 않고 칠 수 있게 된 후에 40초 안에 칠 것과 다른 플레이어들의 안전을 확보한 상태에서 준비된 사람이 먼저 칠 수 있는(ready golf) 골프를 할 수 있도록 규칙에 명시했습니다. 위의 경우 벌 없이 그대로 플레이를 계속합니다. (**규칙5-6b**)

어드바이스·기타 ▪ Advice

홀까지의 거리를
동반경기자에게 물었다!

페어웨이에 멎어 있는 자신의 볼에서 그린 위의 홀까지의 거리를 잘 몰라 동반경기자에게 물어보았다.

 벌타 | 물은 사람, 가르쳐준 사람 모두 무벌타

골프규칙

거리표시 말뚝이나 그 표시 거리, 홀 전체거리 등은 규칙상「공지의 사실」로, 동반경기자에게 물을 수 있습니다. 그러나 자신의 볼에서 홀까지의 거리는 고정물이 아니고, 2006년 개정으로 누구나 자신의 볼과 홀과의 거리를 물을 수 있게 되었습니다. **(규칙: 용어의 정의)**

부록

부록 ■ Appendix

야드 · 미터 환산표

Y	M	Y	M	Y	M	Y	M
45	41.1	180	164.6	315	288.0	450	411.5
50	45.7	185	169.2	320	292.6	455	416.1
55	50.3	190	173.7	325	297.2	460	420.6
60	54.9	195	178.3	330	301.8	465	425.2
65	59.4	200	182.9	335	306.3	470	429.8
70	64.0	205	187.5	340	310.9	475	434.3
75	68.6	210	192.0	345	315.5	480	438.9
80	73.2	215	196.6	350	320.0	485	443.5
85	77.7	220	201.2	355	324.6	490	448
90	82.3	225	205.7	360	329.2	495	452.6
95	86.9	230	210.3	365	333.8	500	457.2
100	91.4	235	214.9	370	338.3	505	461.8
105	96.0	240	219.5	375	342.9	510	466.3
110	100.6	245	224.0	380	347.5	515	470.9
115	105.2	250	228.6	385	352.0	520	475.5
120	109.7	255	233.2	390	356.6	525	480.1
125	114.3	260	237.7	395	361.2	530	484.6
130	118.9	265	242.3	400	365.8	535	489.2
135	123.4	270	246.9	405	370.3	540	493.8
140	128.0	275	251.5	410	374.9	545	498.3
145	132.6	280	256.0	415	379.5	550	502.9
150	137.2	285	260.6	420	384.0	555	507.5
155	141.7	290	265.2	425	388.6	560	512.1
160	146.3	295	269.7	430	393.2	565	516.6
165	150.9	300	274.3	435	397.8	570	521.2
170	155.4	305	278.9	440	402.3	575	525.8
175	160.0	310	283.5	445	406.9	580	530.4

Appendix • 부록

● 골프규칙 · 용어 해설

- **가장 가까운 완전한 구제지점(nearest point of complete relief)** 비정상적인 코스상태, 위험한 동물이 있는 상태, 잘못된 그린, 플레이 금지구역(no play zone)으로부터 페널티 없는 구제를 받거나 특정한 로컬룰에 따라 구제를 받는 경우의 기준점을 말한다.

- **개선(improve)** 플레이어가 스트로크를 위한 잠재적인 이익을 얻기 위하여 스트로크에 영향을 미치는 상태(condition affecting the stroke) 또는 플레이에 영향을 미치는 그 밖의 물리적인 상태를 하나라도 변경하는 것을 말한다.

- **골프협회(golf association)** 아마추어 골퍼가 관리하고 규정에 따라 운영하며 또한 아마추어 골퍼를 위한 경기를 진행하고 그 지방, 지역 혹은 주에서 골퍼의 이익을 최대한 증진시키며 골프 게임의 진정한 정신을 보존하기 위하여 형성한 골프장들의 조직체를 말한다.

- **골프공(golf ball)** 직경 1.68인치(42.67mm)보다 크고, 무게는 1.62온스(45.93g)보다 가벼운 규격으로 만들어져 골프경기에 사용되는 공 (프로들의 공식경기에는 라지 사이즈를 사용).

- **골프코스(golf course)** 골프를 할 수 있게 만들어진 경기장(보통 20~30만 평의 넓이로 만들어지며, 정식코스 18홀, 전체 길이는 평균 6km 이상이 된다). 육지에 만들어진 코스를 인랜드(in land)코스, 해안가에 만들어진 코스를 시사이드(sea side)코스라고 한다.

- **교체(substitute)** 플레이어가 다른 볼을 인플레이볼이 되게 함으로써 홀 플레이에 사용하고 있는 볼을 바꾸는 것을 말한다.

부록 ■ Appendix

- **구제구역(relief area)** 규칙에 따라 구제를 받는 경우, 플레이어가 반드시 볼을 드롭 하여야 하는 구역을 말한다.

- **규정타수** 파(par)라고도 하며 홀의 기준이 되는 타수이다. 쇼트홀(short hole)은 3, 미들홀(middle hole)은 4, 롱홀(long hole)에서는 5타로 정해져 있다.

- **그라스 벙커(grass bunker)** '벙커'라고 불리지만 모래나 흙 대신 잡초(weeds)만 깔려 있는 습지이며, '일반구역'의 일부이다.

- **그라파이트(graphite)** 탄소 섬유인 카본을 고온에서 한 번 더 태운 신물질로 매우 가볍고 강하며 골프클럽의 클럽헤드나 샤프트(shaft)를 만드는데 사용된다.

- **그랜드 슬램(grand slam)** 전세계 프로 골프계의 4개 주요경기인 US오픈, 마스터즈(Masters), 브리티시(British)오픈, 미국 PGA선수권 경기에서 모두 우승하는 것을 말한다.

- **그레인(grain)** 그린 위에 자라나는 잔디의 결이나 방향을 일컫는 말이며, 그린에서 퍼팅할 때 홀컵에 접근 시키는데 막대한 영향을 미치기 때문에 프로 선수들은 항상 이 상태를 유심히 살핀다.

- **그루브(groove)** 스윙의 바른 궤도 혹은 골프채의 타면에 가로로 길게 새겨져 있는 홈을 말한다.

- **그린 키퍼(green keeper)** 코스를 정비하고 유지 보수 하는 사람이다.

Appendix ▪ 부록

- **그린**(putting green) 정식 이름은 '퍼팅그린'이며, 퍼팅을 하기 위해 고운 잔디가 가장 짧게 깎여져 있는 구역으로 깃대와 홀컵이 있다.

- **깃대**(flagstick) 플레이어들이 홀의 위치를 볼 수 있도록, 위원회가 홀에 꽂아둔 움직일 수 있는 긴 막대를 말한다. 깃발과 그 막대에 부착된 그 밖의 모든 물질이나 물체는 깃대에 포함된다.

- **내츄럴 그립**(natural grip) 베이스볼 그립처럼 양쪽 손가락을 모두 샤프트 그립에 대고 쥐는 방식으로 인터록킹 그립보다 강하게 쥘 수 있지만 지나친 힘이 들어가 스윙 안전성이 떨어지고 볼의 방향 조절이 힘들다. 주로 힘이 약한 여성이나 노약자들이 취하는 방식이다.

- **넉다운샷**(knock down shot) 다운 블로우(down blow, 밑으로 내려치기)와 비슷하나 팔로우스루(follow through)가 없는 끊어 치는 샷

- **니어리스트 포인트**(nearest point relief) 규칙에 근거하여 볼을 집어 들고 드롭이나 플레이스를 할 때, 그 허용 범위를 정한 기점이 되기 위한 장소(홀에 근접하지 않고 원래 있던 볼의 위치에서 가장 가까운 지점)

- **다운 블로우**(down blow) 공을 치기 위한 스윙의 단계 중 뒤로 올려진 상태에서 공을 치기 위해 내려오는 과정이며, 스윙 시에 탑에서부터 임팩트를 향하여 예리하게 휘둘러 내리는 궤도를 뜻한다.

부록 • Appendix

- **다운스윙**(down swing)   백스윙을 한 후 위에서 아래로 공을 내려치는 타법을 말한다.

- **다운힐 라이**(downhill lie)   볼을 어드레스할 때 왼발보다 오른발을 더 높게 두는 것을 말한다.

- **단조 아이언**(forged irons)   틀 없이 두드려서 만든 클럽

- **더블 보기**(double bogey)   한 홀에서 파(par)보다 2타 많은 타수

- **더블 이글**(double eagle)   한 홀에서 파(par)보다 3타 적게 친 것

- **더블 파**(double par)   규정 타수의 2배인 타수로 홀 아웃 하는 것

- **도그렉 홀**(dogleg hole)   페어웨이가 왼쪽이나 오른쪽으로 휘어져 있는 홀을 가리키며 굽은 모양이 마치 개의 뒷다리 모양과 유사하여 유래됨

- **동물**(animal)   포유류, 조류, 파충류, 양서류, 무척추동물(예: 벌레, 곤충, 거미, 갑각류)을 포함하여, 동물계에 살아있는 모든 개체(사람은 제외)를 말한다.

- **동물이 판 구멍**(animal hole)   루즈임페디먼트로 규정된 동물(예: 벌레나 곤충)이 판 구멍을 제외한, 동물이 지면에 판 모든 구멍을 말한다.

- **드라이버**(driver)   골프클럽 중 보통 티오프 시 허용하는 것으로 제일 길고 멀리 보낼 때 사용하는 1번 클럽이다.

- **드로우 볼(draw ball)** 볼이 낙하하는 동안 완만하게 왼쪽으로 구부러지는 샷을 말하며, 반대어는 '페이드 볼(fade ball)'이라 한다.

- **드롭(drop)** 볼을 인플레이하려는 의도를 가지고 그 볼을 손에 들고 공중에서 떨어뜨리는 것을 말한다.

- **디봇(divot)** 아이언 샷 등으로 떨어져 나간 잔디를 뜻하며, 지면에서 완전히 떨어져 나갔으면 루즈임페디먼트가 되고 원래대로 되돌려 놓는 것이 에티켓이다. 떨어져 나간 자리를 '디봇 자국(divot mark)이라고 한다.

- **딤플(dimple)** 볼 표면에 곰보처럼 동그랗게 파인 홈 들이다. 골프공에는 보통 이 딤플의 수가 400~500개 정도인데 이 딤플이 없다면 볼이 날아갈 때 공중에서 볼 주변 공기에 소용돌이가 생겨 속도와 비거리가 줄게 된다.

- **라운드(round)** 위원회가 정한 순서대로 코스를 도는 것으로, 18개의 홀 또는 그 이하의 홀을 플레이하는 것을 말한다.

- **라이(lie)** 볼이 정지한 지점과 그 볼에 닿아있거나 그 볼 바로 옆에 자라거나 붙어있는 모든 자연물, 움직일 수 없는 장해물, 코스와 분리할 수 없는 물체, 코스의 경계물(boundary object)을 아우르는 지점을 말한다.

- **러프(rough)** 그린 및 페널티구역을 제외한 코스 내 페어웨이 이외의 장소로 풀이나 나무가 길게 자라 있는 구역

- **런닝 어프로치(running approach)** 어프로치 샷 한 방법으로 비교적 로프트가 적은 아이언으로 볼을 멀리 굴려서 홀에 접근시키는 것

- **레귤러 티(regular tee)** 일반 남성용 티 그라운드. 또한 백 티는 코스의 정식 티, 프론트 티는 시니어, 레이디스 티는 여성용 티이다.

- **레드 넘버즈(red numbers)** 언더 파 이내의 성적을 기록한 경기자들의 타수를 표시한 득점판

- **레이디스 티(ladies tee)** 붉은 티 마크로 표시되는 여성전용 티그라운드를 뜻하며 일반적으로 티 마크로 표시한다.

- **레인 웨어(rain wear)** 비가 올 때 입는 골프웨어(golf wear)를 총칭하는 말이다.

- **레프리(referee)** 위원회로부터 사실상의 문제를 결정하고 규칙을 적용할 권한을 위임받은 사람을 말한다.

- **로스트 볼(lost ball)** 경기 중 잃어버린 볼을 말하며 '분실구'라고 한다.

- **로컬 룰(local rules)** 본 규칙과는 별도로 골프장이나 코스별로 정해 놓은 룰. 로컬 룰은 본 규칙에 우선한다.

- **루즈임페디먼트(loose impediment)** 어딘가에 붙어있지 않은 모든 자연물(돌멩이, 붙어있지 않은 풀, 낙엽, 나뭇가지, 나무토막, 동물의 사체와 배설물, 벌레와 곤충, 벌레나 곤충처럼 쉽게 제거할 수 있는 동물, 그런 동물들이 만든 흙더미나 거미줄[지렁이 똥이나 개밋둑], 뭉쳐진 흙덩어리)

- **루즈임페디먼트가 아닌 것** 자라거나 붙어있는 상태, 지면에 단단히 박혀있는 상태(쉽게 뽑히지 않는 상태), 볼에 달라붙어있는 상태를 말한다.

- **루틴(routine)** 선수들이 최상의 운동수행을 발휘하는데 필요한 이상적인 상태를 갖추기 위해 자신만의 고유한 동작이나 절차를 가지는 것을 말한다.

- **리딩 에지(leading edge)** 골프채 헤드의 타면과 밑바닥의 경계선, 즉 날을 뜻한다(솔과 훼이스면의 접착면).

- **리버스 피벗(revers pivot)** 백스윙 시 클럽의 움직임은 오른쪽으로 이동하지만 체중은 반대인 왼쪽으로 이동하는 현상이다.

- **리페어(repair)** 코스나 그린 등을 손질하는 것을 말하며 언더리페어(under repair)라고 하면 수리중인 코스를 뜻한다.

- **리플레이스(replace)** 볼을 인플레이하려는 의도를 가지고 그 볼을 내려놓아 플레이스하는 것을 말한다.

- **마운드(mound)** 코스 안에 있는 흙덩어리, 동산, 둔덕 등 볼을 멎게 하거나 아웃 홀과의 구별되게 전략적 설계로 만들어지는 것들을 말한다.

- **마커(marker)** 스트로크플레이에서 플레이어의 스코어카드에 그 플레이어의 스코어를 기록하고 그 스코어카드를 확인하고 서명하여야 할 책임이 있는 사람을 말한다. 다른 플레이어는 마커가 될 수 있지만, 플레이어의 파트너는 마커가 될 수 없다.

부록 ▪ Appendix

- **마크(mark)** 볼이 정지한 지점을 나타내기 위하여 그 볼 바로 뒤나 옆에 볼마커를 놓아두거나 클럽을 들고 그 볼 바로 뒤나 옆의 지면에 그 클럽의 한쪽 끝을 대는 것을 말한다.

- **매치플레이(match play)** 플레이어나 편이 상대방이나 다른 편과 직접적으로 경쟁하며 한 라운드 이상의 라운드를 플레이하는 방식을 말한다.

- **맥시멈 스코어(maximum score)** 플레이어나 편의 홀 스코어를 위원회가 더블 파, 특정한 숫자, 네트 더블보기 등으로 정해놓은 최대 타수(스트로크 수와 벌타의 합)로 한정하는 스트로크 플레이의 한 방식을 말한다.

- **박힌 볼(embedded)** 플레이어의 직전의 스트로크로 인하여, 플레이어의 볼이 그 볼 자체의 피치마크 안에 들어간 채 그 볼의 일부가 지면 아래에 있는 상태를 말한다(풀이나 루즈임페디먼트가 그 볼과 흙 사이에 낀 채 박힌 경우에도 그 볼은 박힌 볼이다).

- **백 나인(back nine)** 골프 라운드의 후반부

- **백 카운트(back count)** 최종 라운드 타수가 같을 때 후반 9홀의 총타수, 후반 6홀의 총타수, 후반 3홀의 총타수 순으로 성적을 따지는 방식이다.

- **백 티(back tee)** 통상의 플레이에서 사용하는 레귤러티(regular tee)보다 후방에 있는 티잉구역(teeing area), 주로 파란색 마크로 표시되어 있다.

- **백스핀(back spin)** 언더스핀이라고도 하며 볼이 날아가는 방향과 반대로 회전하는 것

- **버디(birdie)** 한 홀에서 파보다 하나 적은 타수로 홀인 하는 것

- **벙커 레이크(bunker rake)** 벙커샷을 한 후 모래면 위에 흔적이 났을 때 이를 고르게 만드는 고무 갈퀴

- **벙커(bunker)** 모래로 특별하게 조성된 구역으로서, 주로 풀이나 흙이 제거된 채 움푹 꺼진 지형으로 된 구역을 말한다.

- **보기(bogey)** 한 홀에서 파보다 하나 많은 타수로 홀인 하는 것

- **볼마커(ball marker)** 티, 동전, 볼마커용으로 만들어진 물건, 그 밖의 자그마한 장비처럼, 집어 올릴 볼의 지점을 마크하기 위하여 사용하는 인공물을 말한다.

- **분실(lost)** 플레이어나 플레이어의 캐디가 볼을 찾기 시작한 후 3분 안에 그 볼이 발견되지 않은 상태를 말한다.

- **분실구(lost ball)** 경기 중 잃어버린 볼로 '분실구'라고 하며 볼 찾기 시작하여 3분이 지나 못 찾은 볼도 해당된다.

- **블라인드 홀(blind hole)** 티잉구역에서 그린이 가려져 보이지 않는 홀

- **비정상적인 코스상태(abnormal course condition)** 다음과 같이 규정된 네 가지 상태를 말한다. 동물이 판 구멍, 수리지, 움직일 수 없는 장해물, 일시적으로 고인 물.

부록 • Appendix

- **사이드 벙커(side bunker)** 페어웨이의 방향과 같은 방향으로 양측에 위치한 벙커(일반적으로 페어웨이 옆에 있다).

- **상대방(opponent)** 매치에서 플레이어와 경쟁하는 사람을 말한다. 이 용어는 매치플레이에만 적용된다.

- **샷 건(shot gun)** 산탄 총 처럼 수많은 총알이 한꺼번에 발사된다는 뜻에서 유래하며 각 홀의 티잉구역에서 동시에 경기를 시작하는 방식

- **서든 데스(sudden death)** 규정 홀에서 승부가 가려지지 않을 경우에 한 홀씩 승부가 날 때까지 플레이하는 방법

- **셋업(set up)** 정확하고 안정된 준비자세

- **쇼트 홀(short hole)** 보통 250야드 이하의 파3 홀. 여성은 193m, 남성은 230m미만

- **수리지(ground under repair)** 위원회가 그 코스에서 수리지로 규정한 모든 부분(표시 여부와 관계없이)을 말한다.

- **스코어카드(scorecard)** 스트로크플레이에서 플레이어의 각 홀의 스코어를 기록하는 양식을 말한다.

- **스크래치(scratch)** 핸디캡 없이 플레이하는 것이며 핸디캡이 0인 플레이어를 '스크래치 플레이어'라고도 한다.

- **스킨스 게임(skins game)** 매홀 마다 상금이 걸려 있는 경기이며, 만약 동점자가 나오면 상금은 다음 홀로 미뤄진다.

Appendix ▪ 부록

- **스탠스(stance)** 플레이어가 스트로크를 준비하고 실행하려고 자세를 잡는 몸과 발의 위치를 말한다.

- **스테이블포드(stableford)** 스트로크플레이의 한 방식으로, 플레이어나 편의 홀 스코어는 그 플레이어나 편의 타수(스트로크 수와 벌타의 합)를 위원회가 정해놓은 목표 스코어와 비교하여 점수로 결정되며, 모든 라운드에서 가장 높은 점수를 받은 플레이어나 편이 그 경기의 우승자가 된다.

- **스트로크(stroke)** 볼을 치기 위하여 그 볼을 보내고자 하는 방향으로 클럽을 움직이는 동작을 말한다.

- **신페리오 방식(new perio method)** 골프코스의 총 18홀 중에서 12개의 홀을 숨겨진 홀로 지정(숨겨진 12개 홀의 파(par)수 합계는 48이어야 한다)을 해 놓고 경기를 하게 한 다음 임의로 지정된 숨겨진 12홀에서 기록(플레이어가 친)한 스코어합계에 1.5를 곱하고, 곱해진 값에다가 코스의 기준타수(대체로 72타) 72를 뺀 뒤, 뺀 값의 80%를 해당 플레이어의 핸디캡으로 정하는 것이다(소수점 이하는 사사오입을 한다).

- **아웃오브바운즈(out of bounds)** 위원회가 규정한 코스의 경계 밖의 모든 구역을 말한다. 그 경계 안의 모든 구역은 인바운즈이다(코스의 경계를 규정하는 말뚝이나 경계선은 흰색이어야 한다).

- **아이언(iron)** 클럽 중 우드를 제외하고 보통 4~9번까지의 아이언이 있으며, 번호가 커질수록 샤프트의 길이가 짧아지며 비거리도 줄어들게 된다.

부록 ■ Appendix

- **알바트로스(albatross)** 한 홀에서 파보다 3타 적게 홀인하는 것. 한편, 파 5홀을 2타로 넣었을 경우로 미국에서는 더블 이글이라고 한다.

- **애버리지 골퍼(average golfer)** 중간 정도의 기술을 가진 일반 골퍼를 말하는데, 예를 들면 핸디캡이 18~15정도의 사람, 1라운드를 대체로 95전후로 마치는 사람으로 가장 많은 사람들이 이에 속한다.

- **야디지 포스트(yardage post)** 그린까지의 거리를 야드로 적어서 세워 놓은 말뚝이나 나무. 대개는 1000야드, 1500야드, 2000야드 단위로 설치되어 있다.

- **어드레스(address)** 몸의 균형을 잡은 다음 준비자세를 말한다.

- **어드바이스(advice)** 플레이어가 홀이나 라운드를 플레이하는 동안 다음과 같은 것들을 결정하는 데 영향을 미칠 의도를 가지고 하는 말이나 행동(예: 직전의 스트로크에 사용한 클럽을 보여주는 동작)을 말한다.

- **어프로치(approach)** 그린 주변에서 아이언이나 웨지 등을 이용하여 그린위에 볼을 올리는 것을 말한다.

- **언더 파(under par)** 18홀의 표준 타수(파72)보다 적은 스코어로 홀 아웃 하는 것. 1언더파는 버디, 2언더파는 이글, 3언더파는 알바트로스라고 한다.

- **언듈레이션(undulation)** 일반구역, 페어웨이, 퍼팅 그린의 경사나 기복을 말한다.

- **업 앤 다운**(up and down) 코스에서 오르막과 내리막의 변화가 심할 때 쓰는 말로 언듀레이션(undulation)보다 더 큰 기복을 말한다.

- **업 힐 라이**(uphill lie) 샷의 방향에 대해 오르막 언덕에서 볼이 멎은 것을 말한다.

- **에어볼**(airball) 헛스윙

- **에이프런**(apron) 그린의 가장자리를 두르는 잔디. 그린의 잔디보다는 길지만 페어웨이의 잔디보다는 짧다.

- **에지**(edge) 그린, 벙커, 홀컵의 가장자리 또는 끝을 말한다.

- **오너**(honour) 플레이어가 티잉구역에서 첫 번째로 플레이할 권리를 말한다.

- **오버파**(over par) 규정 타수(파)보다 많은 타수

- **왜글**(waggle) 스윙전에 클럽헤드의 무게를 느끼고 손목의 힘을 풀기 위해 손목을 좌우로 흔들어 주는 동작을 말한다.

- **웨지**(wedges) 피칭웨지, 샌드웨지, 로브웨지 등이 있으며 주로 그린주변에서 공략할 때 용도에 따라 선택하여 사용한다.

- **위원회**(committee) 경기를 주관하고 코스를 관장하는 개인이나 단체를 말한다.

- **이글**(eagle) 한 홀에서 규정 타수보다 2타 적게 홀 아웃 하는 것. 파 3홀에서는 홀인원이 되므로 이글이 없다.

부록 ■ Appendix

- **이븐파(even par)** 스트로크 플레이에서 해당 코스의 규정타수(통상 72타)와 똑같은 스코어

- **인플레이(in play)** 홀 플레이에 사용되고 있는 플레이어의 볼이 코스에 놓여 있는 상태를 말한다.

- **일반구역(general area)** 플레이어가 홀을 시작할 때 반드시 플레이하여야 하는 티잉구역, 모든 페널티구역, 모든 벙커, 플레이어가 플레이 중인 홀의 퍼팅그린을 제외한, 코스의 모든 구역을 말한다.

- **임팩트(impact)** 골프채로 공을 가격하는 순간을 말한다.

- **장해물(obstruction)** 코스와 분리할 수 없는 물체와 코스의 경계물을 제외한 모든 인공물을 말한다.

- **챔피언 코스(champion course)** 홀 수는 18홀, 전장은 6,500야드 이상으로 규정되어 공식적인 토너먼트 등을 열기에 적합한 코스

- **치핑(chipping)** 비교적 낮은 탄도로 쳐서 땅에서 구르는 거리가 공중에 떠있는 거리보다 긴 샷

- **칩샷(chip shot)** 20m 이내의 그린 안팎에서 홀을 향해 공을 쳐 올리는 것

- **캐디(caddie)** 라운드 동안 플레이어를 돕는 사람이다(클럽의 운반, 이동, 취급, 어드바이스하기).

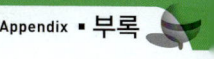

- **컨시드(concede)** 홀 매치(hole match) 게임에서 그린 위의 공을 원 퍼트(one putt)로 홀인(hole in)시킬 수 있다고 인정받으면 이후의 퍼트를 면제해주는 것으로서 스트로크 플레이에서는 허용되지 않는다.

- **코스(course)** 경기가 허용되는 모든 지역을 말하며 일반구역, 페널티구역, 티잉구역, 퍼팅 그린 등 골프 플레이를 위해 만든 지역 전체를 뜻한다. 퍼블릭 코스, 컨트리 클럽 멤버쉽 코스, 리조트 코스, 세미 퍼블릭 코스 등이 있다.

- **클럽길이(club-length)** 플레이어가 라운드 동안 가지고 있는 14개(또는 이하)의 클럽들 중 퍼터를 제외한, 가장 긴 클럽의 길이(43인치 드라이버)를 말한다.

- **테이크 어웨이(take away)** 백스윙의 앞 부분을 말한다.

- **투온(two on) or 쓰리온(three on)** 샷을 두 번이나 세 번 쳐서 공을 그린에 올려놓는 것

- **트리플 보기(triple bogey)** 규정 타수보다 3타 많은 스코어로 홀아웃 하는 것

- **티 마커(tee marker)** 티잉구역임을 알려 주는 표시물을 말하며, 최초의 스트로크를 하기까지는 고정물이라서 움직일 수 없으나 두 번째 샷 이후는 움직일 수 있는 장해물이 된다.

- **티(tee)** 티잉구역에서 볼을 플레이하기 위하여 그 볼을 지면 위에 올려놓는 데 사용하는 물체를 말한다. 티는 반드시 그 길이가 4인치 이하이고 장비규칙에 적합한 것이어야 한다.

부록 • Appendix

- **티샷(tee shot)** 홀에서 경기를 시작할 때 처음 치는 행위

- **티업(tee Up)** 골프 각 홀(hole)에서 경기를 시작하기 위해 티(tee)에 공을 놓고 치는 것

- **티잉구역(teeing area)** 플레이어가 홀 플레이를 시작할 때 반드시 플레이하여야 하는 구역을 말한다.

- **파(par)** 티를 출발하여 홀을 마치기까지의 정해진 기준 타수. 보통 파 3, 4, 5타를 기준 타수로 정하고 있으며 여성 골퍼의 경우 6타의 홀까지 있다.

- **팔로우스루(follow hrough)** 주된 동작을 하면 그 동작에 연동되는 부수 동작. 물건을 던질 때 우선 팔꿈치를 올린 다음 손을 움직여 던지는 동작을 완결하는데 이때의 손의 움직임을 말한다.

- **퍼블릭 코스(public course)** 모두에게 개방된 골프코스

- **퍼트(put)** 그린에서 공을 홀에 넣기 위해 치는 것

- **펌핑(pumping)** 하나, 둘, 셋의 리듬으로 근육의 쓰임을 박자에 입력시키는 방법이다.

- **페널티구역(penalty area)** 플레이어의 볼이 그곳에 정지한 경우, 1벌타를 받고 구제를 받을 수 있는 구역을 말하는데, 바다, 호수, 연못, 강, 도랑, 지표면의 배수로, 하천(건천포함)을 포함한, 코스 상의 모든 수역과 위원회가 페널티구역으로 규정한, 코스의 모든 부분을 말한다.

- **페리오 방식(perio method)** 파의 합계가 24가 되도록 6홀의 숨긴 홀을 선택하여 경기 종료 후 그 6홀에 해당하는 스코어를 합하여 3배 더하고 그 코스의 파를 뺀 80%를 핸디캡으로 산정하는 방식

- **페어웨이 벙커(fairway bunker)** 페어웨이 위에 존재하는 벙커. 페어웨이와 교차되는 형태로 있는 벙커는 클로스 벙커, 페어웨이 옆에 있는 벙커는 사이드 벙커라고 한다.

- **페어웨이(fairway)** 티 그라운드와 그린사이의 잔디가 짧게 깎인 지역

- **포 볼(four ball)** A+B 와 C+D의 경기로 각자의 공으로 플레이하며 그 중에서 가장 적은 타수를 스코어로 정하는 매치 플레이의 한 방식이다.

- **포섬(foursomes)** 한 편을 이룬 두 명의 파트너가 각 홀에서 하나의 볼을 번갈아 플레이하며 다른 편과 경쟁하는 플레이 방식을 말한다.

- **포어 캐디(fore caddie)** 티 샷을 할 때 볼의 낙하지점에 서서 티 샷 된 볼로부터 상해를 입지 않도록 감시하는 캐디. 불의의 사고를 미연에 방지하는 경기 진행요원이다(OB의 판정이나 전방의 모습을 알리는 역할을 하고 있다).

- **프린지(fringe)** 그린에 인접해 있는 가장자리(테두리)의 짧은 잔디를 말한다.

부록 ▪ Appendix

- **피니쉬(finish)** 스윙의 마감 자세나 경기를 정상적으로 끝내는 것을 말한다.

- **피칭(pitching)** 비교적 높은 탄도로 쳐서 공중에 떠있는 거리가 구르는 거리보다 긴 샷

- **하프스윙(half swing)** 풀 스윙의 반 정도만 하는 가벼운 스윙

- **페널티구역** 모래 웅덩이, 연못과 같이 경기의 원활한 진행을 어렵게 만드는 코스 내의 장해물

- **핸디캡 위원회(handicap committee)** 공동 열람을 포함하여 USGA 핸디캡제도를 확실히 준수하는 골프장의 위원회를 말한다.

- **핸디캡(handicap)** 각자 다른 기량의 골퍼들이 같은 조건에서 경기를 할 수 있도록 약한 사람의 스코어에 타수를 감하는 것으로 오피셜(official)과 프라이비트(private)가 있다. 자신의 평균타수에서 보통 18홀의 파인 72를 뺏을 때의 수치

- **홀인원(hole in one)** 티 그라운드에서 1타로 볼이 홀에 들어가는 것

신페리어 방식(Double Perio System)

이 방식은 페리어 방식과 같은 데, 선정하는 홀 수가 6개가 아니고 12개이다. 파의 합계가 48이 되도록 12개 홀(out 6개, in 6개)을 선정한다.

플레이어가 선정된 12개 홀에서 친 스코어 합계를 1.5배하고 그 숫자에서 그 코스의 파 72를 빼고, 그 숫자의 80%를 그 플레이어의 핸디캡으로 한다. 페리어보다 선정하는 홀 수가 많으므로 더 공평한 핸디캡을 낼 수 있다.

신페리어 방식 조건표(파 72의 경우)			
48-0.0	56-9.6	67-19.2	72-28.8
49-1.2	57-10.8	65-20.4	73-30.0
50-2.4	58-12.0	66-21.6	74-31.2
51-4.8	59-13.2	67-22.8	75-32.4
52-4.8	60-14.4	68-24.0	76-33.6
53-6.0	61-15.6	69-25.2	77-34.8
54-7.2	62-16.8	70-26.4	78-36.0
55-8.4	63-18.0	71-27.6	79-37.2
왼쪽 숫자는 합계 스코어이며, 오른쪽은 핸디캡이다.			

칩샷 거리 맞추기 - 12 원칙

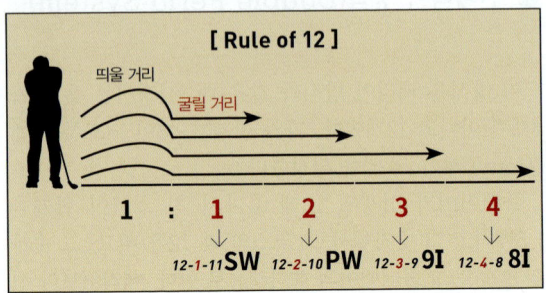

- 칩샷은 볼의 높이, 날아간 거리, 스핀, 굴러간 거리를 항상 염두에 두어야 한다.
- 칩샷 시 볼의 위치는 오른발 쪽에, 손과 체중은 왼쪽에 있어야 한다.
- 칩샷은 정확한 컨트롤을 위해 그립을 내려 잡는다.
- 칩샷은 스탠스의 폭을 좁힌다. 칩샷을 할 때에는 큰 스윙 궤도가 필요 없기 때문이다.
- 칩샷은 "임팩트자세=어드레스 자세"이다. 손목은 처음과 똑같이 유지해야 한다.

▣ 그린 주변에서 볼을 부드럽게 쳐서 홀컵에 붙이는 칩샷 12원칙?

칩샷은 꼭 샌드웨지만을 사용하지는 않습니다. 아이언 4번부터 샌드웨지까지 모든 클럽을 이용할 수 있습니다. 아이언 4번의 경우 로프트 각도가 세워져 있기 때문에 공이

낮게 떠서 멀리 굴러갑니다. 반면 샌드웨지는 각도가 누워져 있어 공이 높이 떠서 조금 굴러갑니다.

통상 그린이 평평한 곳이라면 샌드웨지는 볼이 50% 날라서 50%는 굴러갑니다. 즉, 홀컵까지 15야드 남은 경우 7.5야드는 볼이 날아가고 7.5야드는 볼이 굴러가서 홀컵까지 갑니다. 9번 아이언의 경우 12에서 9를 빼면 3이 됩니다. 즉, 5야드를 띄우면 3배인 15야드가 굴러갑니다. 8번 아이언은 12에서 8을 빼면 4가 되는데, 5야드를 띄우면 4배인 20야드가 굴러갑니다.

이런 식으로 각 아이언별로 캐리 거리와 러닝 거리가 달라지는데, 중요한 포인트는 일단 볼이 떠서 떨어지는 곳이 "그린 위"라는 점입니다. 만일 볼이 그린 사이드 잔디에 떨어지면 러닝 거리에 대해 예상이 어렵기 때문입니다. 개인별로 임팩트는 강도가 다르기 때문에 본 12원칙이 모두 동일하게 적용되지는 않습니다만, 이것을 중심으로 각자 자신만의 거리를 정해 놓으면 되겠습니다.

칩샷 거리 맞추기 12의 원칙		
아이언 – 12원칙 =	미터	비율
3번–12=	8m	1 : 8
4번–12=	7m	1 : 7
5번–12=	6m	1 : 6
6번–12=	5m	1 : 5
7번–12=	4m	1 : 4
8번–12=	3m	1 : 3
9번–12=	2m	1 : 2
PW–12=	1m	1 : 1

부록 ▪ Appendix

● 플레이어가 지켜야 할 골프의 핵심 행동과 규칙

✔ 코스는 있는 그대로, 볼은 놓인 그대로 플레이하여야 합니다.

✔ 골프의 정신에 따라 규칙을 지키면서 플레이하여야 합니다.

✔ 규칙을 위반한 경우, 플레이어는 스스로 페널티를 적용하여야 하며, 매치플레이의 상대방이나 스트로크플레이의 다른 플레이어들보다 잠재적인 이익을 얻어서는 안 됩니다.

| 골프 |

골프는 코스에서 클럽으로 볼을 쳐서 18개(또는 그 이하)의 홀로 이루어진 라운드를 플레이하는 것입니다. 각 홀은 티잉구역에서 스트로크를 하면서 시작되고, 볼이 퍼팅그린에 있는 홀에 들어갈 때(또는 규칙에 따라 그 홀이 끝난 것으로 규정될 때) 끝납니다.

플레이어는 스트로크를 할 때마다, **코스는 있는 그대로, 볼은 놓인 그대로 플레이** 하여야 합니다. 다만 규칙에 따라, 플레이어가 코스의 상태를 변경하는 것을 허용하거나 볼이 놓인 곳이 아닌 다른 장소에서 플레이하는 것을 허용하거나 요구하는 예외적인 경우가 있습니다.

| 플레이어의 행동 기준 |

모든 플레이어는 골프의 정신에 따라 플레이하여야 합니다. **성실하게 행동** 하여야 하고(규칙을 따르고 모든 페널티를 적용하며 어떠한 상황에서도 정직하게 플레이하여야 한다), **타인을 배려** 하여야 하며(신속한 속도로 플레이하고 타인의 안전을 살피며, 다른 플레이어의 플레이에 방해가 되지 않도록 하여야 한다), **코스를 보호** 하여야 합니다(디봇을 제자리에 갖다 놓고 벙커를 정리하고 볼 자국을 수리하며, 코스에 불필요한 손상을 입히지 않도록 하여야 한다).

이와 같이 행동하지 않는다고 하여 규칙에 따라 페널티를 받는 것은 아닙니다. 그러나 플레이어가 골프의 정신에 어긋나는 매우 부당한 행동을 한 것으로 판단될 경우, 위원회는 그 플레이어를 경기에서 실격시킬 수 있습니다.

매너와 에티켓

 모든 스포츠에는 일단 매너가 중요합니다. 기본적인 매너를 모른다면 실력과 타수가 아무리 좋아도 사람들이 인정을 하지 않습니다. 초보자와 같이 라운드를 나가면, 먼저 기본 매너부터 알려줘야 하지만 대부분이 룰부터 알려주기 마련입니다만, 동반자는 차분히 경기를 도와주며 에티켓과 매너에 대해 알려주어야 할 중요한 의무가 있습니다. 스코어보다 중요한 것이 경기 매너라는 것을 몸소 실천하며, 차근차근 설명해주어 즐겁고 행복한 라운드를 즐기시길 바라겠습니다.

필수 에티켓

- 화가 나거나 그 밖의 이유로 클럽을 던져서는 안 됩니다.
- 코스 내에서 흡연을 하지 않습니다.
- 앞 팀과의 진행속도를 맞추어 진행을 해야 합니다(늦장 플레이 금지). "빈 스윙은 한 두 번만 하자!"
- 양보의 미덕-플레이어는 약간 빠른 속도로 플레이하여야 합니다. 앞서 간 조와 속도를 맞춰야 하며, 앞에 한 홀이 비어 있고 후속 조(팀)를 지연시키게 되면 '패스(pass)' 시켜야 합니다.

Appendix ▪ 부록

- 앞 팀이 홀 아웃 하기 전에는 절대 뒤 팀은 샷을 하면 안 됩니다. "아직 치시면 안 됩니다"라는 캐디의 말에도 불구하고 "난 저기까지 안 가요"라며, 드라이버를 치려는 플레이어는 안전사고에 위험하니 쳐서는 안 됩니다(해마다 앞 팀의 플레이어의 몸이나 얼굴에 맞아 실명 등 많은 사고가 일어나고 있다).

- 홀에서 먼 곳에 있는 동반자가 먼저 샷을 하며(안전사고 예방), 전방에 사람이 있는지를 확인하고 위험하지 않게 플레이를 해야 합니다. 2019년부터는 신속한 플레이를 하기 위하여 안전을 확인한 후 동반자보다 홀에 가까이 자신의 볼이 있더라도 먼저 플레이 할 수 있습니다 ("Ready golf").

- 플레이어를 방해하는 말이나 행동을 하지 않습니다.

- 동반경기자가 어드레스에 들어가면 조용히 정숙해야 합니다.

- 플레이어가 치고 있는 동안에는 동반 경기자는 앞으로 절대 나가서는 안 됩니다.

- 잔디 손상금지-연습스윙으로 잔디를 파 놓으면 안 됩니다. 또한 실제 샷을 하고 난 뒤, 디봇(divot)이 생기면 정성껏 고쳐 놓아야 하며, 뗏장은 주워서 파인 곳에 다시 갖다놓도록 합니다. 이는 떨어져 나간 잔디를 살리기 위함이 아니라 뒤에 오는 플레이어들의 볼이 자신이 파 놓

은 디봇 자리에 볼이 들어가지 않도록 하기 위함이 먼저입니다.

❖ 자신이 친 볼이 다른 플레이어에게 위험 할 경우 소리를 쳐 사고예방에 최선을 다해야 합니다. 타구 사고로 매년 많은 사람들이 다치고 심지어는 실명되는 사고도 일어납니다. 자신이 친 볼이 다른 사람을 다치게 할 염려가 있을 경우에는 큰소리로 "볼~!"이라고 소리칩니다. 이런 상황에 뒤 조에서 볼이라고 소리치면 뒤를 돌아다보지 말고 머리를 감싸고 자세를 움츠리거나 근처 장해물이나 나무가 있는 경우 몸을 피하는 것이 좋습니다.

❖ 동반자가 샷이나 그린에서 퍼팅할 때에는 그 뒤나 동반자의 시야에서 벗어나 위치하는 것이 좋으며 연습스트로크를 한다거나 시야에서 벗어나 있더라도 움직이지 않는 것이 좋은 매너입니다.

❖ 동반자들이 '멀리건'을 주지 않으면 멀리건을 할 수 없습니다. 동반자들이 '멀리건'을 주면 "고맙습니다"라고 예를 표하고 다시 치도록 합니다. 멀리건(mulligan)은 본인에게는 행복이지만 뒤에서 기다리고 있는 뒤팀에게는 짜증을 불러 일으킬 수 있다는 것을 알아야 합니다.

❖ 공지 의무-플레이하는 볼을 바꿀 때는 동반자에게 꼭 알려야 합니다. OB가 나거나 페널티구역에 볼이 빠져 어쩔 수 없이 새 볼을 쳐야 할 때에는 반드시 새 볼을 친다는 사실을 동반자들에게 알리고 어떤 볼인지 말해줘야 합니

Appendix ▪ 부록

다. 라운드를 시작할 때 자신의 볼 브랜드와 모양을 동반자에게 보여 확인받는 것이 원칙입니다.

❖ 동행예절-동반자들의 샷이 끝날 때까지 기다려 줍니다. 자기 샷이 끝났다고 마지막 플레이어가 치기 전에 성급하게 앞으로 걸어가는 행동은 삼가 해야 합니다.

❖ 캐디(caddie)-캐디에게는 이름을 불러주는게 예의입니다. "어이, 언니야, 아가씨, 이봐, 야"로 부르지 말고, 이름 뒤에 '씨' '양'을 붙여 불러주는 게 가장 좋습니다. 캐디는 대여섯 시간 동안 라운드를 함께 도는 제5의 동반자라는 사실을 명심하고 하대하거나 호칭을 함부로 하는 일이 없도록 해야 할 것 입니다. 캐디를 아무렇게나 부르면 캐디의 인격에도 상처를 주지만 자신의 인격도 그만큼 '저평가' 된다는 점을 명심하시길 바랍니다.

최근 캐디에게 '춤을 추라든지, 노래를 하라든지, 뒤에서 포옹을 하는 등' 성희롱으로 인한 고소고발로 인하여 함께 한 동반자들에게 불편을 줄 수 있으므로 각별히 조심해야 합니다. 캐디에게 거리를 물어보고 스트로크한 결과에 대한 불만을 하기 전에 자신의 스트로크가 잘못 되었는가를 먼저 생각하고 설령 정확하게 쳤더라도 나쁜 결과에 대해 본인의 잘못이라고 캐디에게 말해주는 여유 있는 플레이어는 캐디들이 최고로 생각하는 멋진 골퍼임을 알아두시기 바랍니다.

2019년 개정룰에서는 캐디가 그린에서 플레이어의 동의 없이 볼을 집어올릴 수 있습니다. 집어 올린 볼을 닦은 후 그린위에 리플레이스 할 수 있습니다. 그러나 플레이어가 마크하고 집어 올린 볼을 캐디에게 라인을 맞추어 제자리에 놓으면 규칙위반으로 벌타를 받아야 합니다.

캐디들이 제일 힘들어 하는 골퍼들은 '거리측정기를 가지고 측정한 뒤 캐디에게 거리를 물어보는 경우', '뒤바람인지 앞바람인지? 바람이 어느 정도 세게 부는지 물어보는 경우', '그린주변에 있는 볼과 핀까지 거리를 물어보는 경우', '본인도 셀 수 없을 정도로 스트로크하고 스코어를 적게 불러 적으라고 하는 경우', '볼이 어디로 가는지 뒤에서 봐달라고 하는 경우 입니다. 스트로크하는 동안 캐디가 뒤에 서 있는 경우는 명백한 규칙위반으로 2벌타이기 때문입니다.

❖ 초보를 배려-초보 골퍼들은 동반자들의 눈치를 보게 됩니다. 그러니 스윙이 이상하고, 어이없는 실수를 하더라도 웃지 말고, 따뜻하게 격려해 주어야 합니다.

❖ 함께 찾아 주자-동반자의 볼이 러프지역으로 들어갔다면 가급적 함께 볼을 찾아 주는 것이 예의입니다. 그렇다고 무작정 볼을 찾느라 시간을 허비할 수는 없으므로, 3분 안에 못 찾으면 로스트볼을 선언하고 플레이를 진행해야 합니다.

❖ 필드레슨-흔히 초보 여성골퍼가 남성 골퍼와 함께 라운드를 하면 남성 골퍼가 신사도를 과도하게 발휘해서, 샷

을 하기 전이나 한 후에 이렇게 하라 저렇게 하라고 얘기하다 보면 플레이 속도를 맞추기가 어렵습니다. 그럴 때는 플레이 속도를 감안해 적당하게 조언하는 것이 좋으며, 뒤 조의 플레이어가 늘 보고 있다는 점을 유의하시길 바랍니다.

골프장 복장

예전에 골프장에서는 꽤 까다로운 복장규제가 있었지만, 요즘은 골프복장에 규제가 많이 완화되었습니다. 골프장에 따라 남성들은 반바지를 입지 못하게 하는 곳도 있고, 모자를 꼭 착용해야하는 곳도 있습니다. 일반적으로 남성분들은 긴바지에 카라가 있는 티셔츠, 모자, 장갑, 골프화를 착용하고, 여성분들은 스커트나 긴/반바지, 카라가 있는 티셔츠, 모자, 장갑, 골프화만 있다면 무난히 라운드를 하실 수 있으며, 타인에게 불쾌감을 주지 않는 복장을 착용해야 합니다. 모자는 햇빛 차단을 위하여 쓰는 것이지만 어디서인지 날아온 볼이 머리에 맞았을 경우 부상을 줄여 줄 수 있으니 반드시 착용하도록 합니다.

부록 ▪ Appendix

골프장 시간 엄수

※ <u>*골프장에 도착하는 시간은 최소 티오프 1시간 전!*</u>

즐거운 라운드를 위해 클럽하우스에 도착하여 체크인하고, 옷 갈아입고, 준비운동(스트레칭)도 하고, 장비를 확인하고, 화장실을 가거나 썬크림을 바르고, 연습그린에서 퍼팅연습도 한다고 하면, 최소 1시간 전에는 도착하셔서 편안한 마음으로 준비하시는 것이 좋습니다. 넉넉한 시간으로 골프장에 도착하셔서 미리 준비하면 여유로운 마음가짐으로 훨씬 좋은 스코어를 만들 수 있습니다.

연습 스윙

티샷 전 연습 스윙을 할 때에는 동반자를 향해 드라이버를 휘두르는 경우가 있습니다. 동반자와의 거리가 있다고 할지라도 이는 매우 위험한 행동으로 반드시 주위에 사람이 있는지 확인하고 안전한 곳에서 연습스윙을 해야 합니다. 작은 자갈, 모래, 나뭇가지 등의 이물질이 드라이버에 맞아 동반자에게 해를 입힐 수도 있을 뿐더러 자신을 향해 휘두르는 드라이버의 바람 소리에 동반자는 불쾌한 느낌을 가질 수 있기 때문입니다.

Appendix • 부록

티샷에서의 매너

 자신이 볼을 쳐야 할 차례가 오기 전에 항상 준비해야 합니다. 장갑도 미리 끼고 볼과 티를 손에 잡고 있다가 자신의 차례가 되면 티잉구역에 바로 올라가 티를 꽂고 볼을 놓아 바로 티샷을 할 수 있도록 해야 합니다. 페어웨이에서도 마찬가지입니다. 그린까지의 거리를 감안해 알맞은 클럽을 선택해 자신의 차례가 되면 바로 샷을 할 수 있도록 준비해야 합니다.

 또한, 경기 시작 전 캐디는 "티잉구역에서는 한 분만 올라가주세요"라고 말합니다. 이것은 티샷을 하는 플레이어가 집중할 수 있도록 매너를 지켜주는 것입니다. 티샷하는 플레이어 뒤에서 팔짱을 끼고 서서 볼이 똑바로 잘 나가는지, 어떻게 코스를 공략해야 하는지 등 자신만을 생각하는 것은 에티켓 위반이고, 안전사고의 우려뿐만 아니라 샷을 하는 골퍼의 입장에서도 좋을 리 없습니다. 티잉구역에서는 1명만 올라가도록 하고, 다른 사람이 티샷 할 때에는 조용히 해야 합니다. 휴대폰은 전원을 끄거나 진동, 무음으로 해야 하며, 부득이하게 중요한 전화가 온다면 양해를 구하고 반드시 다른 골퍼들에게 방해가 되지 않는 곳에서 조용히 통화해야 합니다. 또한, 다른 사람이 샷을 할 때에는 시야가 보이는 곳에 있지 않도록 하고, 좀 떨어져서 스윙에 방해가 되지 않도록 해야 합니다.

또한, 티잉구역에서 자신의 순서가 올 때까지 볼을 티업해서는 안 됩니다. 다른 플레이어가 플레이를 할 때 볼 가까이나 혹은 바로 뒤에 서 있어도 안 됩니다.

벙커에서의 매너

 벙커 샷을 한 다음에는 반드시 스스로 깨끗하게 정리합니다. 모래를 파낸 자국, 스텐스 발자국 또는 다른 발자국을 깨끗이 정리하는 것은 골퍼로서 당연한 행위입니다. 만약 자신의 볼이 들어간 벙커에 발자국이 잔뜩나 있어, 도저히 칠 수 없는 상황이라면 즐거워야 할 골프를 망치게 됩니다. 그런 불쾌한 기억을 다음 팀의 플레이어에게 주게 된다면 비신사적인 골퍼입니다. 다음 팀을 위하여 깨끗하게 정리한 벙커에 언젠가 플레이어 자신이 들어갈 수도 있습니다. 벙커에 들어가거나 나올 때 낮은 위치에서 들어가고 나오면, 벙커 턱을 상하게 하지 않을 것이며 항상 좋은 상태를 유지할 수 있습니다.

 또한, 벙커에서는 스탠스한 후 클럽이 모래에 닿으면 2벌타를 받습니다. 불안한 마음에 다른 플레이들의 눈치를 보며 클럽을 몰래 모래에 대고 샷을 하는 행위는 규칙위반이기도 하지만 비신사적인 행동이며, 다른 플레이어가 보게 될 경우 비매너 골퍼로 꼬리표를 달아준다는 것을 명심하시기 바랍니다.

※ 벙커 정리 요령

1. 벙커에 들어갈 때는 볼 뒤에서 접근한다.
2. 고무래는 샷을 한 뒤 바로 집을 수 있도록 벙커 밖 가장 가까운 곳에 둔다.
3. 모래를 고를 때는 발자국이나 움푹 팬 자국이 남지 않도록 평편하게 만들어 놓는다.
4. 샷 자국뿐만 아니라 걸어간 발자국까지 정리해야 한다. 다른 골퍼가 만들어 놓은 발자국까지 정리한다면 배려심이 좋은 골퍼로 좋은 꼬리표를 달게 됩니다.

그린 위의 에티켓

❖ 2019년 골프규칙 개정 전까지 한 조의 볼이 모두 그린 위에 올라갔다면 깃대는 가까운 플레이어가 뽑아 주는 것이 센스였습니다. 그러나 2019년부터는 깃대를 꽂아 놓고 플레이 할 수도 있으니, 깃대를 제거하기 전에 퍼팅스트로크를 제일 먼저 할 플레이어에게 물어보는 것이 좋습니다. 뽑은 깃대는 볼이 없는 가장자리에 조용히 내려놓거나 그린 밖 프린지에 잔디가 상하지 않도록 살포시 놓습니다. 또한 동반자들이 모두 홀인하면 깃대는 원래있던 자리에 꽂아 두어야 합니다. 캐디없이 플레이 하는 경우 마지막으로 홀 아웃한 플레이어가 깃대를 잡고

있다가 꽂아 놓는 것을 권장합니다.

❖ 동반자의 퍼트라인을 밟고 지나가거나, 퍼트라인을 밟고 퍼팅할 경우에는 기본적으로 에티켓에 문제가 되니 주의하여야 합니다.

❖ 홀과 아주 가까운 거리의 퍼팅을 남겨둔 플레이어는 마크하지 말고 먼저 스트로크 할 수 있으니(규칙에서 허용됨) 먼저 스트로크 하도록 권장합니다. 또한, 반드시 동반자에게 먼저 퍼팅 하겠다는 양해를 구합니다.

❖ 볼 마크와 퍼팅 시 양해를 구하고 실행해야 합니다.

❖ 일반적으로 그린 위에 올라온 볼들 중에서 홀과 가장 먼 동반자의 볼이 먼저 퍼팅하는 것이 기본 에티켓입니다. 그린에 올라가면 가장 멀리있는 플레이어는 늦장플레이가 되지 않도록 서두릅니다.

❖ 컨시드(concede)-'컨시드' 혹은 '오케이'는 매치플레이에서만 허용됩니다. 스트로크 플레이에서는 없는 행위 이지만 원활한 경기 진행을 위해 스트로크 플레이에서 적용하기도 합니다. 그러나 컨시드를 받기 전에는 끝까지 홀 아웃을 하여야 합니다. 볼이 아무리 홀에 가까이 붙어 있어도 제멋대로 볼을 집어 들면 안 됩니다. 컨시드를 주는 거리는 정해져 있지 않습니다. 경기자들이 일정한 거리를 정해 놓고 플레이하여 분쟁을 사전에 방지하는 것이 좋습니다. 상대를 배려하는 차원에서 컨시드를 주는

골퍼는 골프친구들이 많게 됩니다.

❖ 그린 위에서 골프화를 질질 끌거나 뛰어서는 안 됩니다 (그린손상). 또한 기분이 상했다고 퍼트로 그린을 찍어서도 안 됩니다.

❖ 그린 위에서는 다른 플레이어를 위해 조용히 해야 하며, 발소리 조차도 조심해야 합니다.

❖ 자신의 그림자가 상대방의 퍼팅라인에 영향을 미치지 않도록 하고, 퍼팅라인의 일직선상에 있지 않도록 해야 합니다.

❖ 그린 위에서 자신이 홀 아웃했다고 다음 홀로 이동하거나 그린을 떠나 카트로 가서도 안 됩니다. 동반자들이 모두 홀 아웃할 때까지 기다려주는 게 예의입니다.

❖ 퍼팅 그린 위의 볼은 신속하게 마크해야 합니다. '어차피 퍼팅할 거 뒀다하면 되지'라고 생각하면 안 됩니다. 동반자가 스트로크한 볼이 자신의 볼을 건드리면 동반자가 2벌타를 받아야 하기 때문에 신속히 마크해야 합니다. 볼에 마크하기 위하여 사용하는 볼마커는 작은 동전크기가 적당하며 다른 플레이어의 시야에 방해를 줄 만한 크기의 볼 마커나 티를 사용하지 않는 것 또한 상대를 배려하는 것입니다.

❖ 그린 위에 생긴 볼 자국 보수하기–퍼팅 그린에 올라가면 볼이 떨어지면서 생긴 볼 자국을 흔히 볼 수 있습니다.

볼 자국은 가급적 표가 나지 않도록 본인이 메워주고 가는 것이 예의 입니다.

라운드가 끝난 뒤의 매너

라운드가 끝나고 나면 함께 플레이를 했던 동반자 및 캐디에게 모두 수고했다는 인사와 악수를 합니다. 경기의 승패와 상관없이 따뜻한 미소로 함께한 일행들에게 "수고하셨습니다."라는 한 마디를 한다면, 여러분은 상대방에게 있어서 여유롭고 매너있는 골퍼가 됩니다. 그렇게 라운드를 끝내고 클럽하우스에 들어 갈 때에는 에어건(air gun)을 이용해 신발이나 옷에 붙었거나 묻은 잔디나 흙을 제거하고 들어가도록 합니다.

Appendix ▪ 부록

● 전략점수카드(Strategic Score Card)

HOLE	PAR ☐ ☐ C·T ☐ R·T ☐ YDS(M) ☐ L·T
	HDCP ☐

Round	1R ☐ A Green ☐ B Green		2R ☐ A Green ☐ B Green	
Shot	Club	Result	Club	Result
Tee Shot	☐ W ☐ I	☐ OB ☐ ⬭ ☐ 〰	☐ W ☐ I	☐ OB ☐ ⬭ ☐ 〰
2nd Shot	☐ W ☐ I	☐ OB ☐ ⬭ ☐ 〰	☐ W ☐ I	☐ OB ☐ ⬭ ☐ 〰
3rd Shot	☐ W ☐ I	☐ OB ☐ ⬭ ☐ 〰	☐ W ☐ I	☐ OB ☐ ⬭ ☐ 〰
Approach Shot	P·W S·W ☐ I	☐ Pitch ☐ P&R ☐ Run	P·W S·W ☐ I	☐ Pitch ☐ P&R ☐ Run
Putting	1 2 Putt(s) 3	☐ O·K ☐ LONG ☐ SHORT	1 2 Putt(s) 3	☐ O·K ☐ LONG ☐ SHORT
Score	☐ ± ☐		☐ ± ☐	

미스샷 분석 (체크)	1R 2R ☐ ☐ 헤드업 ☐ ☐ 목표방향 ☐ ☐ 클럽선택 ☐ ☐ 어프로치 ☐ ☐ 벙커 샷	1R 2R ☐ ☐ 왼발 오르막 ☐ ☐ 왼발 내리막 ☐ ☐ 발끝 오르막 ☐ ☐ 발끝 내리막 ☐ ☐ 코스 공략 미스

(복사해서 사용하세요.)

부록 • Appendix

범례: 훅 / 스트레이트 / 슬라이스 / P&R 피치앤드런 / 탑볼 / 뒷땅 / 벙커 / 워터해저드

사용례: ☑W □P&R 1 ☑Putt(s) 3 (on Green) (Hole over) 6 ± 2

Round / Shot	3R	□ A Green / □ B Green	4R	□ A Green / □ B Green
	Club	Result	Club	Result
Tee Shot	□W □I	□OB □● □≈	□W □I	□OB □● □≈
2nd Shot	□W □I	□OB □● □≈	□W □I	□OB □● □≈
3rd Shot	□W □I	□OB □● □≈	□W □I	□OB □● □≈
Approach Shot	P·W S·W □I	□Pitch □P&R □Run	P·W S·W □I	□Pitch □P&R □Run
Putting	1 2 Putt(s) 3	□O·K □LONG □SHORT	1 2 Putt(s) 3	□O·K □LONG □SHORT
Score	☐ ± ☐		☐ ± ☐	

미스샷 분석 (체크)

3R 4R		3R 4R	
□ □	헤드업	□ □	왼발 오르막
□ □	목표방향	□ □	왼발 내리막
□ □	클럽선택	□ □	발끝 오르막
□ □	어프로치	□ □	발끝 내리막
□ □	벙커 샷	□ □	코스 공략 미스

라운드 평가

	평 가
1R	
2R	
3R	
4R	

부록 ■ Appendix

● Total Score

	1R	2R	3R	4R
Wood Shot				
Iron Shot				
Approach Shot				
Putts				
Total Score	☐±☐	☐±☐	☐±☐	☐±☐
미스샷 기록표	OB ( ) Slice ( ) Hook ( ) Bunker ( ) 3Putts Top Ball ( ) Duff ( ) Water Hazard ( )	OB ( ) Slice ( ) Hook ( ) Bunker ( ) 3Putts Top Ball ( ) Duff ( ) Water Hazard ( )	OB ( ) Slice ( ) Hook ( ) Bunker ( ) 3Putts Top Ball ( ) Duff ( ) Water Hazard ( )	OB ( ) Slice ( ) Hook ( ) Bunker ( ) 3Putts Top Ball ( ) Duff ( ) Water Hazard ( )

저자

박찬희(건국대학교 골프지도학과 골프부 감독)
이원태(골프안전 칼럼리스트)
임병무(한국중고등학교 골프연맹 경기위원장, 중원대학교 골프과학과 교수)

최신 개정3판 골프규칙

2023년 6월 27일 인쇄
2023년 7월 05일 발행

저　　자	박찬희 · 이원태 · 임병무
발 행 인	김지연
발 행 처	도서출판 의학서원 스포츠의학부
등록번호	제406-00047호
주　　소	인천광역시 연수구 송도미래로 30 송도스마트밸리 지식산업센터 D동 504호
전　　화	032) 816-8070
홈페이지	www.dhsw.co.kr
정　　가	12,000원
I S B N	979-11-6308-067-1

저작권법에 의하여 무단전재와 무단복제를 금합니다.